I0412532

Nino Amadore

Il Mutamento

Le mafie hanno davvero cambiato pelle?

Edizioni Network

Titolo | Il Mutamento
Autore | Nino Amadore

ISBN | 9781521440018

Edizioni Network
Via Contessa Adelasia, 13 – 90138 Palermo

Prefazione

Questa non è una nuova edizione di un libro che è stato scritto nel 2016, ma sicuramente è un'edizione più lineare e pulita rispetto a quella. Il libro è stato purgato di errori, refusi, inesattezze (anche se non sostanziali) che lo rendevano povero agli occhi di chi legge. Ci sono certamente dei fatti un po' datati su alcune vicende giudiziarie ormai risolte e andate in giudicato. Non ce ne occupiamo perché diventerebbe un altro libro.

L'impalcatura rimane sempre quella, diciamo lungimirante e forse visionaria: questo piccolo libro, che poi è la raccolta di miei articoli e riflessioni, ha anticipato un dibattito sulla mafia che cambia (ma cambia?).

Un dibattito certamente destinato a continuare anche a fronte di una legislazione imbalsamata che non cambia nonostante gli strumenti delle mafie si siano fatti più raffinati e astuti.

La capacità di Giovanni Falcone era quella di cogliere, con pensiero veloce, le questioni e di adeguare le norme per contrastare adeguatamente la forza di quegli altri, nemici e mafiosi. Era e resta un punto di riferimento per tutti. Già al momento della pubblicazione di questo libro, nel 2016, era chiara la debolezza di certi tribunali, la difficoltà di alcune giurisdizioni, la forza dei colletti bianchi il più delle volte impuniti.

Considerazioni che vanno oltre e che sembrano fatte col senno di poi. Invece in queste pagine c'era già tutto anche se non faceva comodo saperlo, conoscere certi limiti e alcuni problem concreti che già cominciavano a presentarsi. Non ci vuole molto a cogliere il mutamento, basta saperlo osservare. E in certi luoghi, anche se periferici, il mutamento si vede meglio perché è solo un ritorno all'antico.

.

Nino Amadore

Dove eravamo rimasti

L'ho guardato più volte. Mi è capitato di ritrovarmi tra le mani la foto scattata dagli investigatori il giorno del suo arresto o forse dopo. La foto pubblicata dai giornali dico, e di osservarla. Quando era vivo, ovvero subito dopo l'arresto. E poi da morto, quando i giornali hanno dato la notizia che aveva lasciato questa terra.

L'ho osservato a lungo. Come se in quella foto potessi trovare una spiegazione, la sua versione dei fatti, il punto di vista di un avvocato, che è stato anche docente universitario, che è stato legale di grandi aziende e che a un certo punto della sua vita ha deciso di mettersi al servizio dei boss. Almeno secondo i magistrati.

L'avvocato Marcello Marcatajo è morto prima che si potesse celebrare il processo: il Tribunale del riesame aveva comunque confermato che lui, avvocato civilista molto noto a Palermo, si era messo consapevolmente al servizio di Vincenzo Graziano, un costruttore che ha avuto «il ruolo di cassiere investitore per conto della famiglia Madonia» hanno scritto i giudici. E guardando con attenzione il viso di quest'uomo segnato dalla vita, forse anche dai sensi di colpa o dalla paura, ho ripensato al mio lavoro di dieci anni prima, a quel libro sulla zona grigia e i professionisti al servizio della mafia, ormai quasi dimenticato dai più.

E mi è venuto in mente un episodio che mi riguarda. «Guardi - mi ha detto un investigatore nel pieno di una conferenza stampa dedicata proprio a Marcatajo – questo avvocato è la tipica espressione della zona grigia». Già, ho risposto, mettendo subito da parte la tentazione di citare me stesso: mantengo ancora il senso del pudore e mi dà un po' fastidio dover parlare di me. È dal giorno dell'arresto di Marcatajo che però continuo a rimuginare su quanto è accaduto in questi anni. Il mio anno di riferimento è il 2006: era autunno quando ho avviato la mia ricerca e mi sono avventurato nei meandri della zona grigia. Da quel momento è cominciato un lavoro per certi versi estenuante: nottate intere a cercare in archivio, a spulciare pagine e pagine su Google, nella cache di tutti i motori di ricerca, nell'archivio dell'agenzia di stampa Ansa, nei rivoli più sperduti del web. Per trovare fatti, storie, riferimenti, inchieste giudiziarie e no. Con in testa la convinzione che il libro che mi apprestavo a scrivere dovesse essere un'opera aperta. Pensavo, in quel freddissimo autunno, a tutto quanto: ai nomi, alle ipotesi, alla totale assenza di sensibilità per l'argomento tra le classi professionali di questo disastrato Paese, all'indifferenza dei più, all'assenza di articolesse di celebrati cronisti di mafia sull'argomento. In cuor mio speravo che la pubblicazione del libro potesse provocare un moto di indignazione. In fondo è questa l'ambizione di tutti.

Mi auguravo che succedesse qualcosa, che vi fosse uno scatto d'orgoglio, un impeto, una rivolta

collettiva: vi immaginate i colletti bianchi in cor-
teo contro la mafia? Giacca e cravatta e un unico
striscione: «I vostri soldi non li vogliamo più».
Una esagerazione bell'e buona. Mi aspettavo veramente tanto, nella grande fiducia che avevo in
questo straordinario lavoro che è quello del giornalista. Troppa fiducia, tanta da non farmi vedere
quale possa essere la dose di cattiveria di certi
miei colleghi così supini con il potere e così vele-
nosi con gli altri, soprattutto quegli altri non alli-
neati al pensiero unico di Santa Madre Chiesa del
giornalismo italiano. Ma questo è un altro discorso.

Era la fine del 2006: ho lavorato al libro con pas-
sione, trascorrendo gran parte del mio tempo libero a spulciare negli archivi, a cercare tracce, inchieste, analisi. E poi a chiedere qua e là, a tutti:
cos'è la zona grigia? Se ne parlava così tanto che
era diventata per me una fissazione. Un'inchiesta
durata mesi e mesi alla ricerca di qualcosa che era
evidente a tutti ma che stentava a materializzarsi:
forse era talmente ovvio che la zona grigia esi-
stesse che tutti continuavano a dare la notizia per
scontata. Un'ovvietà, insomma, cui molti, anche
bene accorti, non facevano caso: c'era e basta e
forse non aveva senso nemmeno cercare di darne
una definizione, darne un quadro completo, co-
minciare a disegnare i contorni delle responsabilità anche soggettive. Confesso che più volte ho
pensato di essere un imbecille a continuare in questo lavoro.

Non era la prima volta che mi misuravo con temi così sfuggenti. Mi ero già avventurato in quel mondo di mezzo di cui oggi tanto si parla senza rendermene conto, forse senza comprendere fino in fondo cosa stavo facendo. Mi aiutava la mia storia: io li avevo visti all'opera con le loro borsette di pelle, le scarpine eleganti, la cravatta regimental.

Li avevo visti trattare con mezze parole, sorrisini: ero troppo giovane per capire cosa facessero in realtà ma avvertivo già un senso di fastidio. C'era cattivo odore: era la puzza della corruzione e del compromesso criminale. Era la puzza degli affari sporchi. Li avevo visti trattare e poi, per anni, avevo rimosso quelle immagini, quelle ombre, quei signori eleganti che potevano contare su appoggi influenti: politici, magistrati, alti burocrati regionali e, perché no, anche sulla distrazione di giornali e giornalisti. E sul sostegno della mafia, ovviamente, che a quel tempo aveva il volto di Totò Riina, Bernardo Provenzano e tutti gli altri carnefici che ormai conosciamo a memoria. I telegrammi delle opere finanziate arrivavano puntuali in campagna elettorale e venivano affissi al bar: era il segno, si diceva a quel tempo, di una buona amministrazione che riusciva a portare soldi a palate. E dunque, si diceva, ricchezza. E tutti i politici facevano a gara per diventare i destinatari di quel prezioso telegramma: «Mi pregio comunicarti che l'opera X è stata finanziata per un miliardo di lire. F.to l'assessore».

Questo era il tenore di quelle scarne comunicazioni, che molto spesso arrivavano nel cuore delle campagne elettorali. Erano gli anni Ottanta e non sapevamo, noi, allora, che quelle opere erano state decise altrove, quasi sempre: attorno a tavolini in cui i convitati erano la sintesi del sistema politico-mafioso che reggeva le sorti della nostra Regione, da quegli stessi che in seguito saranno i protagonisti del terrore mafioso a Capaci, in Via D'Amelio e poi a Milano, a Firenze.

Ci sembrava tutto così normale negli anni Ottanta, anche se c'era quello strano odore nell'aria: il cemento porta benessere, dicevano tutti e guai a contraddirli. Non era così e oggi lo sappiamo con chiarezza: perché il cemento era un grande affare di Cosa nostra così come in seguito e sempre di più lo sono diventati le energie alternative, la grande distribuzione organizzata, il commercio in generale (pompe di benzina, negozi di ortofrutta, macellerie), i rifiuti. L'agricoltura, quella no: è sempre stata un affare per i mafiosi e basta ricordare i discorsi che Pio La Torre faceva ai compagni comunisti di Bagheria invitandoli a stare lontani da certi affari e soprattutto dalle truffe organizzate dalle famiglie mafiose all'ombra degli aranci della Conca d'Oro.

E a proposito di agricoltura appare necessario aprire una parentesi in questa introduzione a un tema così complesso come quello della trasformazione, se trasformazione c'è stata, delle mafie. Perché è proprio nelle aree rurali, in quelle zone ritenute depresse per antonomasia, che è possibile ritrovare modelli da studiare e approfondire in cui criminali e colletti bianchi si confondono, si intrecciano, si incontrano e non si scontrano mai. L'agricoltura rappresenta per le mafie un business sicuro.

È una questione abbondantemente affrontata sul piano investigativo nell'area dei Nebrodi, cuore della Sicilia, massima rappresentazione di una zona rurale a forte ritardo di sviluppo in cui i fondi pubblici, contributi per l'agricoltura che arrivano dall'Unione europea attraverso l'area (l'Agenzia statale che si occupa concretamente dell'erogazione dei fondi), sono diventati grande business per le organizzazioni criminali.

Di questa vicenda parla Daniele Manganaro, vicequestore a capo del commissariato di Sant'Agata di Militello in provincia di Messina: è stato lui insieme agli agenti di scorta e a un suo stretto collaboratore (Tiziano Granata) a sventare l'attentato al presidente del Parco dei Nebrodi Giuseppe Antoci che i clan volevano morto proprio per aver introdotto quel protocollo che abbassa parecchio quella soglia in cui diventa obbligatorio il certificato antimafia, ovvero diventa obbligatorio per gli imprenditori dimostrare di non aver avuto precedenti per mafia. Non è cosa da poco in una terra in cui ci sono sindaci (e purtroppo non sono pochi) che tendono a negare l'esistenza della mafia dei pascoli. Il protocollo è un pezzo di quella strategia avviata già nel 2014 di sicurezza partecipata cui hanno dato un contributo le forze dell'ordine, le istituzioni, i cittadini e alcuni imprenditori.

Come sia stato possibile lo ha spiegato Manganaro raccontando la preparazione di due importanti operazioni di polizia contro la mafia dei Nebrodi. Dettagli di un metodo, un modello che ha dato e continua a dare frutti: «È stato un lavoro di squadra – ha detto Manganaro – non solo della magistratura e delle forze dell'ordine ma è stato un lavoro delle istituzioni, della giunta di Troina guidata da Fabio Venezia, degli imprenditori onesti. Per 22 mesi ogni giovedì notte ci incontravamo in una casa di campagna affinché, loro, potessero illustrarmi quello che era successo: i furti di bestiame, di mezzi agricoli. L'azione fatta ha portato ad un abbattimento del 100% di tutti quei reati.

Le operazioni Discovery 1 e 2 sono state importanti: gli arresti per mafia sono stati 22». Manganaro segna un punto di inizio in questa strategia: il suo incontro con Venezia e Antoci: «Con loro - racconta Manganaro - abbiamo subito cominciato a parlare di sicurezza partecipata. La sicurezza partecipata è la sicurezza composta da tutti i membri delle istituzioni, forze dell'ordine, magistratura, figure istituzionali e cittadini. Sicurezza partecipata è la mossa vincente. Magistratura, polizia di stato, istituzioni hanno portato ad un risultato brillante a Troina, perché lo hanno voluto i cittadini, sono stati loro a stimolarci, occhi e orecchie nostre sul territorio». Nel 2014 partecipando al tavolo tecnico convocato dal prefetto a Cesarò dopo l'incendio doloso ai danni dell'auto del sindaco del comune nebroideo, Manganaro e Antoci parlarono di mafia e del sistema mafioso di quel territorio, e fecero i nomi delle famiglie mafiose. Dopo quella riunione vi fu la reazione delle cosche.

«Il primo atto scatenante fu l'incendio della macchina del sindaco di Cesarò: era il 2014 e il prefetto ha convocato un tavolo tecnico a Cesarò dove sono intervenuti i sindaci del territorio, i rappresentanti provinciali delle forze dell'ordine, quindi il questore, comandante dell'arma, comandante della finanza, gli ufficiali competenti per il territorio, io come dirigente del commissariato e lo stesso Antoci – dice Manganaro -. E in quell'occasione il tono della conversazione era questo, in particolare da parte dei sindaci: non ci sono denunce quindi non ci sono reati, si tratta di un atto estemporaneo, non ci sono segnalazioni quindi non c'è mafia. A un certo punto sono intervenuto io e ho fatto i nomi delle famiglie mafiose presenti sul territorio: questo è un atto mafioso, ho detto, e queste sono le 4 famiglie che comandano; dopo di me è intervenuto il presidente Antoci parlando di legami mafiosi forti in quel territorio nebroideo. Quando parlo di mafia parlo del territorio nebroideo, quindi parliamo di Troina, Cesarò, Tortorici, che sono le zone dove io opero».

Ed è a quel punto che è cominciata «un'attività forte nei confronti di queste persone. Cominciammo a sequestrare allevamenti, terreni, casolari, cominciamo a mettergli le mani in tasca e da quel momento sono iniziati gli atti intimidatori.

Lettere di minaccia al presidente del Parco; hanno mandato proiettili al presidente del Parco, a me, ad alcune guardie venatorie che collaboravano con noi, fino ad arrivare all'atto di maggio 2016: l'attentato al presidente del Parco. Quali sono state le risposte? Gli arresti: abbiamo fatto un'operazione a dicembre: "Gamma Interferon", questa operazione ha portato a 33 misure cautelari e 17 indagati. Ha scoperto un sistema, ha svelato quello che stava dietro il business dei terreni: cioè oltre agli allevatori, ovviamente non per bene ma con pregiudizi per mafia, c'era tutta una serie di colletti bianchi che agevolavano il sistema. È emerso il problema tanto dibattuto, il problema della corruzione, perché coloro che supportano questo sistema non sono solo gli appartenenti ai clan, ma sono colletti bianchi, quali veterinari, esponenti delle istituzioni».

Manganaro è netto: «Questi non sono territori tranquilli, sono territori storicamente controllati da associazioni mafiose e nello stesso modo in cui si evolvono i tempi la mafia si evolve, allo stesso modo se prima si dedicavano alle estorsioni e al traffico di sostanze stupefacenti oggi rischiano zero dedicandosi alla truffa, perché la truffa è un reato che si prescrive. Vi faccio un esempio: io costituisco un'azienda agricola, faccio un allevamento di 1.000 capi di bestiame, prendo 1.000 ettari, ogni anno vado a prendere circa 800-900 mila euro di finanziamenti. Chiaramente per costituire un fascicolo aziendale di questo tipo mi serve: un

veterinario che mi certifica, la qualifica diufficial-
mente indenne dell'azienda, la presenza dei capi,
la certificazione antimafia, tutto questo mi porta a
presentare una pratica all'Agea che eroga i soldi
direttamente sul conto corrente. Con rischio pari a
zero».

Non è un caso se alcuni soggetti poi indagati per
truffa all'Unione europea, intercettati, dicessero:
«Non ci conviene trafficare droga, troppo ri-
schioso. Con i terreni e i contributi riusciamo ad
avere gli stessi soldi rischiando molto meno». Se
ci fosse Sciascia sui Nebrodi parlerebbe di contesto mafioso visto che erano e sono presenti tutti
gli elementi. Persino esposti anonimi e il venti-
cello della calunnia per screditare chi si è schie-
rato contro la mafia e soprattutto ha disturbato il
manovratore.

Facciamoci intanto una domanda: quella dei Nebrodi è una nuova mafia? Si tratta di organizzazioni con caratteristiche nuove? Assolutamente
no: sono le vecchie e parassitarie organizzazioni
criminali che hanno sempre contato e possono ancora contare su appoggi di vario tipo da parte dei
colletti bianchi, di amministratori pubblici, funzionari dello Stato. Purtroppo, da queste parti, sui
Nebrodi dico, il livello della corruzione è degno
di un ladro di polli: l'aiuto che ne può arrivare da
parte dei colletti bianchi, e lo si può dire a prescindere dalle inchieste di Manganaro, prevede come
contropartita la "truscia", un regalo in natura di
poco conto che un professionista potrebbe acquistare tranquillamente con quello che guadagna in

un giorno. In parecchi casi, però, il collateralismo dei colletti bianchi nei confronti della mafia trova sponda nella politica e questo ceto, diciamo borghese, diventa il tramite di operazioni indicibili: per i mafiosi c'è l'arricchimento, per i colletti bianchi carriera e denaro, per i politici voti e consenso.

Sono passati dieci anni o poco più da quando il libro, "La zona grigia", è stato pubblicato: la prima versione è stata pubblicata su internet con il sistema del Print on demand che allora era considerato il sistema degli sfigati (Dove posso comprare il tuo libro?" era la domanda frequente non priva di sottile ironia e io: "Su internet" e via a spiegare come fare, dove collegarsi ecc. Un fallimento se possibile, pensavo allora). Dieci anni sono un tempo lunghissimo in un mondo che brucia costantemente le tappe e dunque il senso delle cose viene sconvolto da nuovi e dinamici fenomeni sociali, economici, politici.

La frenesia non è solo nostra, di cittadini normali. La frenesia appartiene anche e soprattutto a chi è costretto a riadattare i propri comportamenti, i propri atteggiamenti, il proprio business rispetto a un mondo che cambia e che, magari insieme a qualche limite, offre grandissime possibilità. E in questo lungo tempo abbiamo scoperto che la zona grigia è una palude che ha allagato l'intero paese e abbiamo anche capito che i collusi sono un popolo. Ma rimane un sospetto: che siano di più quelli che ancora non abbiamo scoperto. Perché la puzza di malaffare c'è ancora, forte. Si sente anche se c'è chi, con abilità e cinismo, è riuscito qualche volta a coprire la puzza con il profumo delle belle parole.

È tempo di tornare a riflettere su questi temi, di tornare a ragionare su cosa è accaduto o sta accadendo. Se facciamo un conto sommario negli ultimi anni sono state arrestate migliaia di persone con l'accusa di associazione mafiosa. Quanti? Cinquemila o forse diecimila? Mafiosi, 'ndranghetisti, camorristi, esponenti di quella nuova mafia indigena romana dei Carminati che è già più evoluta rispetto ai boss del pizzo. Lo Stato, quando vuole, sa reagire. E lo ha fatto affrontando bene, anzi benissimo l'ala militare, colpendo qualche volta anche gli esponenti della borghesia mafiosa. Può bastare? Ovviamente no, poiché il dubbio che rimane è sempre quello di essersi persi qualcosa per strada, di non avere abbastanza strumenti per monitorare i prestanome, i terminali di operazioni di riciclaggio che magari hanno attraversato i continenti. «Il denaro non puzza» diceva l'imperatore Vespasiano al figlio Tito quando 2000 anni fa impose la tassa sulle latrine pubbliche. Ma la puzza, purtroppo, c'è ancora.

Forte, fortissima. Perché il denaro sporco puzza, eccome se puzza. Altro che pecunia non olet. Qui la puzza è quasi asfissiante. Il punto è che non sappiamo da dove arriva questo olezzo putrescente. E i mafiosi, grazie a quei colletti bianchi, al know how di certi consulenti, sono riusciti a trasformare il denaro sporco in patrimonio pulito, anzi candido. Sapevamo già tutto grazie alle intuizioni di Giovanni Falcone e prima di lui di Rocco Chinnici, alla caparbietà di Paolo Borsellino, al coraggio di alcuni magistrati ma soprattutto alla loro competenza giuridica che al momento non ci sono. O meglio, non ci sono rispetto alle categorie con cui noi siamo abituati a definire la mafia: quelle categorie derivano da una legislazione d'avanguardia come quella italiana ma che rischia di non essere più all'altezza del mutamento avvenuto, della riorganizzazione anche culturale che probabilmente i mafiosi sono riusciti a fare. E poi c'è la globalizzazione che per la mafia, per le mafie, è stata una grande opportunità.

Vi racconto un aneddoto che magari può servire a spiegare il mio pensiero. Qualche anno fa sono venuti a trovarmi in redazione due colleghi inglesi per un'intervista. A un certo punto i due chiedono: dove possiamo incontrare un mafioso a Palermo per intervistarlo? Mi venne da sorridere: era evidente che i due bravissimi colleghi inglesi erano stati fuorviati dai luoghi comuni. Ho risposto: «A Palermo mi sembra difficile trovare un mafioso vero da intervistare. Per trovarne uno dovete andare a Londra e aspettare nel cuore della piazza finanziaria». Certo avrei potuto dire tante altre cose: che magari in qualche studio professionale della città avrebbero trovato l'uomo giusto o che a furia di frequentare certi salotti uno buono, non dico mafioso ma quantomeno colluso lo avrebbero beccato di sicuro. Ma parlare di Londra mi sembrò più efficace. Cosa volete, mi piace l'incredibile paradosso del banale. La risposta non venne inserita nel documentario: evidentemente avevano pensato si trattasse di una boutade. Non lo era.

La conferma, se vogliamo essere pignoli, la si può trovare in uno dei tanti rapporti internazionali. Uno di questi, citato da Roberto Savino in un suo intervento ripreso dal quotidiano La Repubblica, è quello della National Crime Agency pubblicato nel 2015. Quel report spiega che «ogni anno centinaia di miliardi di dollari sono di provenienza illecita - dice Scarpinato -. Non si sa più se si tratti di concorso esterno di colletti bianchi negli affari delle mafie o, viceversa, di concorso di aristocrazie mafiose negli affari loschi di strutture criminali che la stampa definisce cricche, comitati d'affari, P3 o P4. Per fronteggiare il nuovo che avanza serve un salto culturale, come quello compiuto da Falcone 30 e passa anni fa, quando mostrò al paese la realtà della mafia della Prima Repubblica». Ma questo, intendiamo il ragionamento di Scarpinato, è forse solo un aspetto del problema, non certamente l'unico.

La domanda principe, se vogliamo, è un'altra: è solo cosa grigia, secondo un interessante e ottima definizione del giornalista siciliano Giacomo Di Girolamo, che al tema ha dedicato un libro? Oppure è qualcosa di più? Capirlo non è certo semplice. Su una cosa intanto sono d'accordo con Scarpinato: di sicuro non è possibile ragionare su un unico livello. Perché questa definizione può tornarci utile per definire il malaffare e certi comportamenti dell'oggi. Ma il punto qui non è ragionare su un fenomeno, secondo una definizione letterale che ci porta a considerare ciò che appare: si tratta di fatti rilevanti, di scandali enormi che però non ci dicono tutto su ciò che è accaduto. Si direbbe, giusto per essere forbiti, che bisogna scavare sul noumeno, a ciò che è pensabile, ipotizzabile, per provare a renderlo riconoscibile. Qualcosa che esiste, che si è consolidato ma che è stato nascosto talmente bene da renderlo invisibile agli occhi, assente, frutto di strane fantasie o addirittura di follia pura. Il punto è comprendere secondo quali strade la mafia ha costruito la sua nuova vita, quella legale. Bisogna ragionare su nuovi paradigmi che possono certo apparire ovvi come lo era la zona grigia qualche anno fa. E che nella loro ovvietà necessitano di indagini, di documenti, di inchieste rendere presentabili i denari accumulati con il traffico internazionale di droga. E noi possiamo solo provare a raccontare basandoci sulle stime, sui ragionamenti, su alcune inchieste giornalistiche che hanno provato a raccontare questo mutamento continuo. Perché è la storia che si è trasformata in una grande lavatrice: sì, certo, la nostra storia recente, tutto ciò che è avvenuto nel nostro Paese, nel mondo oserei dire.

La mafia ha perso e lo Stato ha vinto, si sente dire molto più spesso del passato. E certo questa è una verità anche se rimane il sospetto che l'obiettivo vero di Cosa nostra, in quella strategia che abbiamo chiamato di inabissamento, fosse quella di

avere il tempo di cambiare pelle per arrivare esattamente a una condizione nuova che il magistrato Roberto Scarpinato, cui piace molto gigioneggiarsi tra ipotesi e teorie, arriva a classificare in una nuova condizione per così dire sociale. Non c'è una sola mafia, dice Scarpinato, ma «c'è una mafia popolare che è in crisi, ce n'è un'altra che offre sul libero mercato beni e servizi illegali per i quali vi è una domanda di massa, poi c'è un'aristocrazia mafiosa che ha fatto un salto in circoli ristretti che gestiscono legalmente grandi affari».
È la definizione della mafia mercatista, con un termine che è diventato improvvisamente di moda e ormai sulla bocca di chi vuol darsi un tono parlando di mafia ed economia.
Ora la domanda è una sola: se è vero che le organizzazioni criminali hanno raggiunto un livello così raffinato noi abbiamo gli strumenti per fronteggiare ancora le mafie che sono riorganizzate, internazionalizzate e hanno saputo cogliere le opportunità offerte dal mercato? No, non li abbiamo. E l'ammissione dei magistrati ha il sapore della resa. «Le categorie penali del concorso esterno e dell'associazione mafiosa mostrano la corda – dice -. E invece ci siamo ritrovati in questi tristissimi anni Duemila con pochi esempi di indagini fatte dalle Procure antimafia del Paese veramente efficaci sui patrimoni ma in compenso abbiamo tantissime misure di prevenzione emesse dalle relative sezioni dei Tribunali in applicazione della legge Rognoni-La Torre e di altre norme arrivare nel corso degli anni. Ma le misure di prevenzione,

come anche l'ultimo studente di giurisprudenza sa, hanno altra natura e rischiano oggi di essere addirittura inadeguate o comunque attaccabili se non costruite con disciplina e rispetto della legge. In questi venti e più anni, poi, è andata di scena una grande distrazione di massa, all'ombra di qualche banchiere o avvocato d'affari o semplicissimo commercialista o ragioniericchio di campagna: nel frattempo i patrimoni mafiosi hanno cambiato pelle, sono stati imbellettati grazie a sofisticati strumenti finanziari. È stata costruita una nuova ricchezza di cui possiamo sospettare la provenienza ma non abbiamo prove, non ci sono elementi palesi che possano permetterci di documentare con certezza l'avvenuto cambiamento.

Il rischio, per noi, è di finire sul banco degli imputati, costretti a difenderci con pochi mezzi contro soggetti che hanno una capacità economica infinita: basta una citazione in giudizio di uno di loro, un avvocato a mezzo servizio tra la legalità e l'affarismo mafioso, per essere rovinati e costretti a fare viaggi inutili e dispendiosi in tribunale.

È l'altra faccia della medaglia, in un paese che a parole si commuove per i giornalisti minacciati ma nei fatti consente la sopravvivenza di querele temerarie che disincentivano il giornalismo di inchiesta in una terra che ha tanto bisogno di verità. Perché noi lo sappiamo: c'è chi ha continuato un lavoro che era stato avviato negli anni Ottanta per riciclare criminale quasi sicuramente continuano a essere riciclati attraverso banche del Regno

Unito e le loro filiali. Nel Regno Unito, secondo alcune stime riprese da Saviano, il riciclaggio vale almeno 74 miliardi di euro. Quale strada seguono questi soldi, vengono reinvestiti in UK oppure, grazie anche a tecniche finanziarie raffinate, prendono la via dell'economia legale di tutta Europa? La domanda, per quanto possa apparire fantasiosa, è drammaticamente seria perché, per ciò che riguarda il nostro Paese, molto di ciò che si conosce lo si deve più a inchieste giornalistiche che a indagini giudiziarie. E poi perché la nostra legislazione, pur avendo fatto notevoli passi avanti, non è ancora del tutto adeguata.

Virgilio Carnevali, presidente di Transparency International Italia, ha posto il problema in maniera chiara: «È fondamentale nella lotta alla corruzione e al riciclaggio conoscere gli individui che stanno dietro alle società». Per farlo, spiegano gli esperti, è necessario rendere pubblico l'accesso ai registri dei titolari effettivi con dati in formato aperto, quindi fruibili da tutti; includere nel registro dei titolari effettivi le società nazionali, quelle straniere e tutti i trust operanti sul territorio nazionale; rendere più efficaci le verifiche sulle informazioni riguardanti i titolari effettivi e inasprire le sanzioni in caso di false comunicazioni; aumentare le attività di formazione e sensibilizzazione per i professionisti che devono svolgere attività di due diligence nei confronti dei loro clienti; e ancora, ma solo nel caso italiano, vietare esplicitamente alla

Pubblica amministrazione la possibilità di stipulare accordi con società di cui non sia possibile risalire al titolare effettivo.

Una questione, quella del titolare effettivo, che andrebbe risolta per svariati motivi. Uno di questi lo ha esplicitato David Gentili, presidente della commissione antimafia del Comune di Milano: «che non può - ha detto il consigliere - non chiedere più trasparenza sugli acquirenti del Milan». Un discorso simile si potrebbe fare anche per l'acquisto del Palermo Calcio. Non che vi siano sospetti, per carità, ma una maggiore trasparenza non guasterebbe.

La zona grigia

Tutti ne parlano. Più o meno a ragion veduta. Ma nessuno è in grado di dire quanto conta veramente la zona grigia negli affari di mafia. È un dato, immutato rispetto a dieci anni fa: nulla è cambiato, se non in peggio. Le inchieste man mano ci hanno disvelato un mondo.

Per comprendere meglio o quantomeno farsi un'idea bisognerebbe avere i numeri, i dati, poter fare delle analisi. E invece non c'è nulla o meglio c'è poco, molto poco. La proposta era quella di scrivere accanto ai nomi, alla data e al luogo di nascita degli arrestati per mafia (vale ovviamente anche per i camorristi e gli 'ndranghetisti) anche la professione, inserendo tutto in una grande e unica banca dati al servizio degli investigatori e, se possibile, anche degli studiosi. Un punto di inizio per comprendere meglio: servirebbe, per esempio, per capire quanti hanno un'impresa e che tipo di impresa, quanti sono i professionisti (se sono avvocati, ingegneri, commercialisti, medici, farmacisti o altro) e ci darebbe un quadro di insieme che oggi purtroppo non abbiamo.

Magari, dico per paradosso, possiamo scoprire che esiste un esercito di professionisti o magari possiamo scoprire ancora, ipotesi più plausibile, che l'esercito di professionisti non compare in questa banca dati e che dunque è necessario scavare, indagare, capire meglio perché visto che i patrimoni non si muovono da soli e con la burocrazia che c'è nel nostro Paese un supporto da parte di chi possiede le conoscenze giuste (in tutti i sensi) è più che necessario.

Invece regna la confusione. E non è una questione da sottovalutare poiché poi in assenza di dati empirici, di numeri o altro, non si riesce nemmeno a comprendere quale possa essere la reazione dello Stato. Insomma, per farla breve, chi è il nemico oggi? Sono i soliti buzzurri campagnoli, che magari provano a riorganizzarsi oppure, più furbi che intelligenti, sono ben organizzati e strutturati (come nel caso della 'ndrangheta)? Oppure siamo in una nuova condizione, con elementi nuovi, altri scenari? Per la verità qualche tentativo tra gli studiosi è stato fatto. Lo si può rinvenire con chiarezza in uno studio pubblicato dall'Università Bocconi qualche anno fa. Giusto per capire quale e quanto fosse il coinvolgimento dei colletti bianchi nel cosiddetto contagio del Nord da parte della 'ndrangheta e delle altre organizzazioni mafiose. «Dalla rilevazione - si legge nella ricerca nella parte che si riferisce a un decennio di inchieste giudiziarie nell'area lombarda - emerge una presenza significativa degli imprenditori nelle associazioni di tipo mafioso nel Nord Italia. Un rilevante numero di imprenditori è stato sottoposto a indagini per l'articolo 416-bis del Codice penale: in base agli atti di indagine, gli imprenditori sembrerebbero far parte della consorteria mafiosa e non svolgere, invece, una mera funzione di ausilio (concorso esterno) o favoreggiamento». Se gli imprenditori non sono promotori o capi dell'associazione criminale sono quantomeno partecipi.

Ma va tenuto sempre presente che il ruolo degli imprenditori e in ogni caso la sopravvivenza dell'impresa è possibile grazie al know how di chi, nel sistema fiscale e finanziario del nostro paese, per professione è chiamato a dare consulenza a questo tipo di impresa che, spiegano i ricercatori, può essere mafiosa o collusa: «Il mafioso imprenditore non è originariamente un imprenditore, ma cerca di assumerne le vesti per realizzare i propri affari illegali - spiegano i ricercatori della Bocconi - . È un criminale, legato a un'associazione determinata, che, forte della propria posizione all'interno della consorteria mafiosa e utilizzando le modalità tipiche della stessa, interviene nelle attività imprenditoriali allo scopo di perseguire interessi e utili per l'associazione di appartenenza. Il mafioso imprenditore utilizza un capitale, frutto di un introito illegale, per avviare un'attività imprenditoriale che è sin dall'origine illegale. Si potrebbe affermare che è colui il quale applica il modello di organizzazione mafioso nella gestione delle imprese; immette i capitali ottenuti illecitamente in un determinato settore economico – edilizia, movimento terra, e così via – e gestisce imprese create ad hoc per fornire utili all'associazione e ai suoi scopi». Cosa diversa, e potremmo dire peggiore, è l'imprenditore colluso (o ma-

fioso) il quale, «è originariamente un imprenditore. È colui che crea un'impresa legale, finalizzata a ottenere utili legittimi. Purtuttavia, l'imprenditore colluso decide di incrementare i propri
introiti venendo a patti con la criminalità organizzata. Si crea, pertanto, un rapporto reciproco in cui
l'imprenditore cerca di ottenere maggiori utili
dalla collusione con la consorteria mafiosa e l'associazione si serve dell'appoggio dell'imprenditore per assicurarsi maggiori benefici. I vertici dei
clan selezionano una schiera di imprenditori di riferimento ovvero di imprese di cui l'associazione
mafiosa diviene lo "sponsor", nel senso che diventano i naturali destinatari di tutte le attività economiche necessarie per procurare utili all'impresa
mafiosa. Per di più è il mafioso imprenditore ad
attorniarsi di imprenditori collusi (o mafiosi) poiché solo tramite questi riesce a penetrare nel settore economico oggetto di interesse». Sempre in
questo studio è possibile rinvenire prove e testi-
monianze sui limiti del materiale a disposizione.
Senza bisogno di scendere in un noiosissimo dettaglio statistico possiamo rinvenire un numero
molto ma molto limitato di professionisti sia nelle
indagini per mafia che in quelle in cui l'imputa-
zione è il favoreggiamento aggravato alla mafia:
nello studio di cui abbiamo detto compaiono un
paio di politici, qualche magistrato. E basta, si potrebbe dire.
C'è una carenza negli atti giudiziari? Oppure i
reati dei colletti bianchi sfuggono direttamente a
una rilevazione che tiene conto solo dei reati di

mafia? Si avverte tra i magistrati la necessità di colpire penalmente l'area di mezzo, borderline, disponibile a trattare e fare affari con i mafiosi, ad accettare i loro servizi, i loro soldi, a consigliarli, seguirli, assecondarli: soggetti che si muovono sul filo del rasoio sanno di rischiare parecchio ma non si spingono oltre un certo limite e gli stessi mafiosi, ormai appartenenti a un'organizzazione che sembra allo sbando, continuano ad agire in nome e per conto proprio. Vengono a mancare così elementi fondanti per poter intervenire con le norme disponibili in tema di contrasto alla mafia. E i magistrati cominciano ad avvertire l'esigenza di trovare il sistema per punire questa area grigia e vasta, proponendo magari nuove norme, nuove fattispecie giuridiche, allargando l'ottica punitiva in un Paese in cui le norme antimafia di emergenza e non solo sono sovrabbondanti. Il ragionamento lo ha fatto il procuratore nazionale antimafia Franco Roberti che si è spinto a ribadire l'esigenza di una nuova fattispecie.

«La forza della mafia è, oggi più che mai, nella capacità relazionale – dice -. E non certo negli atti violenti. È nel proporsi corrompendo, offrendo denaro, come interlocutore privilegiato della cosiddetta economia legale. Soltanto quando non riesce a ottenere quello che vuole interviene con la forza, intimidendo. Ma recentemente ci stiamo accorgendo che ce n'è sempre meno bisogno. La crisi – continua il procuratore - ha sicuramente abbassato le autodifese del mondo dell'impresa. C'è bisogno di denaro e le organizzazioni criminali hanno molti liquidi. Di più: la mafia offre servizi. Questo tipo di offerta viene sempre più accettata da una parte della società, quella che noi definiamo zona grigia, non perché impauriti ma perché ne trovano giovamento. Commercianti, imprenditori sempre più spesso cercano affari con i clan. Ci sono i costruttori che accettano di comprare materiale dai boss ottenendo in cambio anche la protezione. Commercianti che si fanno finanziare in momenti di difficoltà cedendo quote delle loro attività. Siamo a uno scambio paritetico tra mafia e imprenditoria molto simile a quello che avviene tra il politico e il mafioso nei casi di voto di scambio». Già la commissione Antimafia, del resto, aveva certificato che non era possibile per le associazioni imprenditoriali controllare l'intero tessuto economico e che dunque la presenza di codici etici negli statuti associativi non garantiva un totale autocontrollo. L'esempio riportato è quello del Piemonte dove vi sono «circa 128.000 imprese iscritte nel registro delle imprese ma non associate a Confindustria, Ance, Confartigianato, Impresitalia, che allo stato il mondo professionale e imprenditoriale non è in grado di controllare se non attraverso la condotta discrezionale dei professionisti – notai e commercialisti – al momento in cui le stesse imprese vengono costituite o iscritte nel registro delle imprese, o pongono in essere atti negoziali societari come il trasferimento o l'acquisizione di quote societarie o la vendita, ovvero l'acquisto di beni immobili».

Non è molto chiaro ancora se i magistrati parlano per intuito poliziesco o se hanno in mano una serie di casi concreti che li spingono a ritenere di essere di fronte a un fenomeno nuovo. Di sicuro hanno preso atto del fallimento di codici etici e norme di autogoverno di associazioni o ordini professionali e dunque sono alla ricerca di una sanzione reale per quella che per comodità continuiamo a chiamare zona grigia ma che è ormai qualcosa in più visto il livello di collusione che si registra oggi e che è avvenuto in passato.

Ma è possibile fare un ulteriore ragionamento: che questa nuova fattispecie possa essere stata pensata per i nuovi modelli criminali già sperimentati a Roma, con il mondo di sopra e il mondo di sotto. Nel mondo di sotto avvengono i crimini più efferati, i traffici, l'attività criminale vera e propria che si fonda sulla forza intimidatrice delle mafie. Nel mondo di sopra c'è un rapporto paritetico tra mafiosi e imprenditori, rappresentanti delle istituzioni, alti burocrati in cui c'è un reciproco vantaggio e semmai è la corruzione a oliare quei meccanismi più resistenti. Insomma, potrebbe essere fondato il sospetto che questa nuova mafia indigena, romana, possa essere diventata il modello di riferimento per altre mafie, in altre aree del paese e che questa possa diventare la nuova emergenza: in questo caso può risultare semplice individuare nella "mafia di sotto" un'organizzazione, un'associazione mafiosa; ma può risultare molto difficile, invece, definire mafioso un comportamento in cui i singoli si scambiano favori e soldi. L'astuzia e l'abilità dei colletti bianchi può aver teorizzato comportamenti che consente loro di sfuggire alla mannaia del 416 bis: come è noto l'associazione semplice è punita con pene molto più lievi, i tempi di prescrizione sono più favorevoli all'imputato, il carcere è sicuramente meno duro. Tutto più semplice: se ti beccano, nel giro di pochissimi anni (se proprio se ti va male) puoi tornare a fare quello che facevi prima: delinquere, corrompere, reinvestire il denaro. È un problema di prove, di forma del processo, di capacità di dimostrare l'assenza delle caratteristiche che fanno di una attività un comportamento   mafioso.

Che vi fosse un problema in particolare sull'applicazione dell'articolo 416 bis lo ha segnalato qualche anno fa lo studioso Enzo Ciconte sul mensile Limes.

Ciconte, parlando dell'espansione della 'ndrangheta al Nord, ha segnalato che «nelle regioni del Nord molti tribunali non applicano il 416 bis. Anche alcune recenti pronunce della Cassazione in merito a sentenze del tribunale di Milano si sono mosse nella medesima direzione. Basti citare la sentenza del 7 giugno 2013, con la quale la Corte ha cassato l'articolo 416 bis nel processo denominato Parco Sud e riguardante la 'ndrangheta di Buccinasco, paese alle porte di Milano noto per le numerose indagini che hanno colpito le 'ndrine locali. In seguito a questa pronuncia è stato subito scarcerato Domenico Papalia, figlio del più famoso Antonio Papalia, oggi ergastolano. Alcuni magistrati argomentano che è difficile provare la forza intimidatoria del vincolo associativo e dunque sono meno propensi a condannare per certi reati senza riconoscere ad essi l'aggravante dell'associazione mafiosa. Altri sollevano il problema dell'articolo 416 bis, pensato per una realtà come quella siciliana del 1982 quando la mafia non aveva significative presenze al Nord e all'estero».

Ma c'è di più, evidentemente, se Roberti ha ritenuto di dedicare in una relazione annuale presentata al Parlamento un lungo approfondimento a una possibile, nuova, fattispecie da aggiungere al 416 bis. Una fattispecie che qualcuno ha ribattezzato 416 quater e che ha l'obiettivo di colpire proprio la zona grigia: quella fatta dai professionisti, quella fatta dagli imprenditori. È una questione giuridicamente complessa che però prende atto di un problema già avvertito e reso ancora più evidente dalle inchieste su Mafia capitale e non solo: l'attualità del 416 bis, l'efficacia di un articolo del codice che ha avuto grandi meriti ma che oggi, a fronte di mafie liquide e in costante mutamento, rischia di non reggere più.

Le regole sono cambiate e su questo in pochi hanno dubbi: nel "mondo di sotto", se vogliamo utilizzare ancora l'efficace categoria utilizzata dai magistrati della Procura di Roma coordinati da Giuseppe Pignatone, c'è molto malessere mentre nel mondo di sopra tutti si ingrassano, di arricchiscono, ampliano le reti sociali e politiche, accrescono il potere. Ma, forse, non c'è nemmeno bisogno di ricorrere a nuove categorie diciamo socio-logico-penaliste per comprendere quanto è accaduto in questi anni. Una organizzazione criminale, come può essere la 'ndrangheta, ha per esempio per tempo pianificato la proiezione nel mondo dei colletti bianchi, ha istituzionalizzato la laurea: ha mandato i figli a studiare, creando al suo interno una classe dirigente che prima o poi sarebbe tornata utile. È un modello vero e proprio quello creato dalla 'ndrangheta: ha funzionato per anni in Calabria tanto da ritenere opportuna una replica anche nel Nord del paese, dal Piemonte alla Lombardia. La questione non è irrilevante visto che una consistente presenza di soggetti cresciuti a pane e 'ndrangheta nel sistema amministrativo può essere utile in qualsiasi momento.

Ecco perché non stupisce l'inchiesta "Mamma santissima" condotta dalla magistratura di Reggio Calabria che ha svelato un sistema di potere in cui sono centrali i rapporti tra massoneria, 'ndrangheta, politica e servizi segreti deviati: «Vorrei che fosse chiaro che questa è la nuova 'ndrangheta, che nasce dalla commistione tra la vecchia struttura criminale di tipo mafioso e la massoneria - dice il collaboratore di giustizia Antonio Lo Giudice -. In questa nuova organizzazione, la parte identificabile con la vecchia 'ndrangheta è incaricata di gestire i rituali e di svolgere una funzione di parafulmine rispetto alla componente più importante e riservata, che attraverso i rapporti con ulteriori apparati massonici gestisce un enorme potere anche in campo politico ed economico». Lo

Giudice, detto il "nano" per la sua altezza, ha raccontato ai magistrati quanto ha appreso nei suoi
colloqui in carcere con il pentito Cosimo Virgilio,
uno che per esperienza conosce bene i grembiulini
calabresi. Era stato Virgilio a svelare ai magistrati
della Direzione distrettuale antimafia di Reggio
Calabria il meccanismo del pizzo imposto dalle
cosche della Piana di Gioia Tauro alle imprese:
una "tariffa" fissa del 3% alle aziende impegnate
nell'ammodernamento della Salerno-Reggio Calabria. E Lo Giudice spiega: «(Virgilio, *ndr*) mi
confidò che faceva parte di una società segreta
chiamata massoneria e che era costituita da tre
tronconi: una legalizzata (di cui facevano parte
professionisti di alto livello come giudici, servizi
segreti deviati e uomini dello Stato), la seconda da
politici, avvocati e commercialisti, e la terza da
criminali con poteri decisionali e uomini invisibili
che rappresentavano il tribunale supremo che giu-
dicavano la vita e la morte di ogni affiliato, tutti
uniti in unica potenza incontrastata».
Virgilio, parlando con il magistrato Giuseppe
Lombardo, è ancora più chiaro e spiega come
«materialmente è avvenuta l'interrelazione tra la
componente massonica e quella tipicamente criminale». Un passaggio che nel gergo viene definito "breccia di Porta Pia": un "varco" tra il
mondo della 'ndrangheta e quello massonico costituito da una «nuova figura criminale che è iden-
tificata con la Santa». «È importante – dice Virgilio – precisare che, attraverso quel varco costituito
dai santisti (soggetti insospettabili), il mondo

massonico entra nella 'ndrangheta e non viceversa, per quello che io ho vissuto e percepito. Devo precisare ancora che il ruolo di santista all'interno della 'ndrangheta non consente in automatico il contatto con la massoneria: è necessario, invece, perché questo contatto avvenga, che si individuino ulteriori soggetti "cerniera", che noi definivamo soggetti in giacca, cravatta e laurea, che fossero in grado di curare queste relazioni senza che fossero direttamente individuabili. Il sistema allargato, composto tanto dagli elementi massonici che da quelli tipicamente di 'ndrangheta, aveva come obiettivo finale quello di garantire alla componente massonica, fortemente politicizzata, la gestione dei flussi elettorali. La componente di 'ndrangheta mirava al consolidamento degli ingenti capitali sporchi, già formati, che andavano ricollocati sul mercato, anche estero, mediante strumenti finanziari evoluti, gestiti attraverso gli appartenenti alla massoneria». Ma la questione non si ferma solo alla Calabria. La Sicilia in fatto di massoneria e mafia ha una tradizione lunghissima che non stiamo nemmeno a ricordare. Se ne parliamo è perché il tema è tornato prepotentemente negli ultimi tempi. Ed è tornato prepotentemente d'attualità a Castelvetrano, nel trapanese, nella terra di Matteo Messina Denaro, potentissimo boss, latitante ormai da decenni, divenuto simbolo della mafia degli affari e della mafia che ha saputo costruire relazioni forti con il potere e con un sistema sociale che a lui, a Matteo, guarda con ammirazione e affetto. Ma al di là e oltre le collusioni di tipo tradizionale, visto che ormai il rapporto tra massoneria e mafie appare un dato consolidato, c'è un'altra evoluzione che va registrata e che coinvolge il ruolo dei colletti bianchi nel sistema economico e in un sistema economico come quello italiano fortemente condizionato dalle organizzazioni criminali: «Soprattutto nel Settentrione - spiega Roberto Scarpinato - si parla di mafie mercatiste, che offrono beni e servizi illegali per i quali è esplosa una domanda di massa, sia da parte di normali cittadini che chiedono droghe, gioco d'azzardo, prostitute, prodotti contraffatti, sia da parte di imprenditori interessati ad abbattere i costi di produzione con lo smaltimento illegale di rifiuti, la fornitura sottocosto di manodopera, il prestito di capitali. Oltre a proporsi come agenzie di servizi illegali per l'economia legale, le mafie investono in proprio, creando nuove imprese o inserendosi in aziende già radicate, con solida reputazione ed esperienza». È davvero così? La teorizzazione di Scarpinato, seppur autorevole, non convince tutti anzi tutt'altro. Non ci sono, del resto, grandi prove di un inserimento delle mafie nel libero mercato e quasi tutte le inchieste ci dicono che il modo di procedere delle organizzazioni criminali resta ancorato alla tradizione: alla violenza, spesso, hanno sostituito la corruzione ma l'obiettivo resta sempre quello di inserirsi nei mercati tutelandosi con "protezioni" e favori abilmente acquisiti. Le mafie creano reti e grazie a queste reti provano a entrare nei mercati legali.

L'eredità di Giovanni Falcone

Ogni volta è una meraviglia. Non si capisce quanto vera, genuina. «La mafia ha cambiato pelle» dice questo o quel politico, questo o quel magistrato. O addirittura, negli ultimi tempi, «La mafia è stata sconfitta». Che poi è cosa diversa rispetto a un altro concetto, più complesso e meno perentorio, ovvero quello che dice: «Lo Stato ha vinto, la mafia ha perso». Poiché in questo caso ci si riferisce alla guerra che è stata combattuta, allo scontro politico-militare tra Cosa nostra e lo Stato. Dopo aver fatto per anni il processo alla storia, dimenticando magari di approfondire questa o quell'inchiesta cui lo stesso Giovanni Falcone teneva veramente tanto, siamo arrivati al punto che la mafia è diventata altra cosa rispetto all'origine. Punto e basta. Anzi addirittura il problema è ora l'antimafia. Potrebbe essere un'idea sbarazzarci anche di quella: sia di quella fasulla che specula sulle disgrazie degli altri, sia di quella buona che, pur fallibile, prova a fare qualcosa in ambienti difficili. Del resto, ormai, in certi campi decidono i santoni cosa è giusto e cosa non lo è, i custodi della verità, i detentori del sapere universale che hanno perso l'umiltà e si ergono a supremi giudici. Ma tant'è. I custodi della verità, forse, non hanno avuto il tempo di leggere un ottimo libro di Costantino Visconti ("La mafia è dappertutto":

Falso) che riporta l'analisi sul fenomeno alla concretezza: se tutto è mafia, si potrebbe dire, nulla è mafia.

Nella grande confusione alimentata spesso dall'informazione grondante retorica e pochi fatti, sulla base spesso del teorema che il sospetto è l'anticamera della verità, tutti sono pronti a servire dosi di meraviglia: vero? È successo? I giornali sparano un bel titolone che dipende dalla carica ricoperta dal politico o dal magistrato ma senza considerare il vecchio detto siciliano che inchioda la superficialità e i superficiali: «Chiù ranni è a *pinsata* chiù rossa è a minchiata (Più grande è il pensiero o il ragionamento, più grossa sarà la sciocchezza detta)».

E a quel punto scatta la grande meraviglia. Così è nato e viene coltivato il mito della grande potenza universale delle mafie, globalizzate, strutturate, onnipotenti, onnipresenti. Cosa possibile, anzi probabile ma non ancora provabile, almeno come assunto universale. Secondo certe affermazioni siamo di fronte alla grande Spectre di Cosa nostra anzi delle Cose nostre (soprattutto la 'ndrangheta) in grado di rendere tutto possibile trasformando le pietre in oro. Che vi siano grandi capacità non vi è alcun dubbio, così come non vi è alcun dubbio che vi siano grandi complicità tra le imprese e i professionisti. Ma, andando a vedere la massa di rapporti annuali, il meraviglioso nulla ci assale e subentra la depressione. Perché della Spectre non c'è traccia, non c'è traccia di grandi inchieste sul riciclaggio internazionale fatto da esponenti di

Cosa nostra, non c'è traccia di elementi che possano farci pensare all'esistenza, concreta, di una grande mafia internazionale. Siamo, a parte qualche eccezione che ha a che fare con il mondo e le relazioni della 'ndrangheta, nel solco della tradizione, del già visto, con tecniche utilizzate dai mafiosi di casa nostra migliaia di altre volte.

Non desta alcuna meraviglia, invece, la scarsa attitudine degli investigatori italiani ad approfondire alcuni temi, a mettere il naso in certi affari complessi. O forse non è nemmeno un problema di attitudine. Forse, anche per i cambiamenti normativi di questi anni, è proprio complicato, se non addirittura impossibile fare le indagini in alcuni settori, in alcuni ambienti. È proprio complicato dimostrare un nesso tra la mafia e la finanza e l'imprenditoria: una triangolazione che noi diamo per assodata, certa, sicura ma che alla prova dei fatti rischia di non reggere. Perché i magistrati, come è ovvio che sia, hanno bisogno di prove non di fantasie meravigliose e dunque anche le inchieste devono reggere all'esame dei processi, arrivare a sentenza, concludersi con una vittoria per l'accusa. Resta un dubbio, un grande dubbio che non siamo ancora riusciti a risolvere, in venticinque anni di misteri sulla morte di Falcone prima e Paolo Borsellino dopo. Un dubbio che qualcuno, sulla base di osservazioni e analisi, risolve così: è stato fatto un patto con i pentiti, un patto sacrilego e odioso. Un patto che stabilisce più o meno questo: voi ci raccontate tutto sulla mafia militare, noi non toccheremo i vostri soldi e le vostre ricchezze.

Chi abbia fatto questo patto non è dato sapere e del resto l'autore di questa analisi si guarda bene dal far comparire il suo nome. Ma possiamo ben dire che, nel caso di alcuni importanti patrimoni dei mafiosi o dei loro eredi, chi ha provato ad avvicinarsi, metterci le mani, a fare qualcosa per comare l'assenza di grandi inchieste, si è ritrovato improvvisamente nei guai.

Sembra quasi che a voler toccare i patrimoni di certi criminali porti sfiga: a chi indaga, a chi li amministra se sequestrati e a chi potrebbe arrivare ad amministrarli. Ormai c'è una vasta letteratura sul riciclaggio, sui Paesi regno della finanza off shore, sui paradisi fiscali. Ma in tutta questa vasta letteratura non si riesce a individuare il filo unico che porta alle mafie o meglio ci si riesce solo in casi eccezionali. Si potrebbe ben dire che, per comprendere il destino dei soldi mafiosi, molto di più è stato fatto negli anni Novanta. In un momento in cui l'insegnamento di Giovanni Falcone ma prima di lui di Rocco Chinnici era ancora fresco nella memoria di magistrati e inquirenti. In un momento in cui, forse, anche per rispondere alla violenza delle stragi si sentiva più forte il dovere di colpire i mafiosi nella "robba". In linea teorica, oggi, sappiamo molto sui movimenti internazionali di denaro, sulla costruzione di società nei paradisi fiscali, ma poco sappiamo sulla reale presenza di queste società, di derivazione criminale, nell'economia reale, nei sistemi economici mondiali: che sia l'Italia o, per dire, l'Argentina, che so il Cile, la Spagna. Una stima, recente, riferita al "contributo" dato dai criminali alla soluzione della crisi delle banche mondiali dopo il 2008, è talmente di proporzioni enormi da apparire irreale. Eppure, la fonte è autorevole trattandosi di Antonio Maria Costa, responsabile dell'ufficio Droga e crimine dell'Onu: perché «non è la mafia a cercare la finanza, ma viceversa» sostiene qualche magistrato dell'antimafia.

I casi certo non mancano. Anche se non sono italiani ma in tempi di finanza globalizzata è poco rilevante visto che i flussi si muovono comodamente da una parte all'altra del globo. In ogni caso i fatti sono tiranni: la Wachovia Bank tra il 2006 e il 2010 ha riciclato 380 miliardi di dollari del cartello messicano e nel 2014, approfittando della «procedura differita» offerta dal Tesoro Usa, gli amministratori della banca hanno evitato sanzioni impegnandosi a «non ricadere nel reato in futuro». Per la banca una multa di 160 milioni di dollari, solo il due per cento dei profitti annuali. Nel frattempo, si può immaginare, i 380 miliardi provenienti dal traffico internazionale di droga degli altri affari criminali del cartello di Sinaloa sono diventati limpidi come l'acqua alla fonte, pronti per essere riutilizzati per attività perfettamente legali. Certo quella massa di denaro fa veramente impressione è dunque colpisce l'immaginario collettivo. E in Italia? Cosa succede nel nostro Paese? Finora nessuna banca è stata veramente colpita. O meglio: nessuna grande banca italiana e non di recente. Ci sono un po' di indagini sulle banche qua e là in giro per il paese: una di queste, abbastanza controversa, è quella che coinvolge l'Unicredit e il suo ex vicepresidente Fabrizio Palenzona e Andrea Bulgarella, un imprenditore trapanese che da anni opera in Toscana. Perché in verità, in Sicilia, le inchieste sulle grandi banche sono state fatte proprio da quei magistrati che poi la mafia ha fatto saltare in aria: ha cominciato Rocco Chinnici, hanno continuato poi Falcone, Borsellino. Abbiamo visto come è andata a finire.

Ci sono santuari intoccabili in cui è stata celebrata la liturgia dell'arricchimento criminale in anni che ormai ci sembrano appartenere alla protostoria. E non se ne deve più parlare. Anche la legislazione del nostro paese, in qualche modo, ha provato a metterci una pietra sopra. E non parliamo solo di Sindona e di Calvi, non parliamo solo dei grandi scandali finanziari che hanno coinvolto pesantemente il Vaticano.

Ci sono milioni di euro spariti nel nulla, evaporati. Possibile? No, affatto. Quei soldi ci sono ancora anzi hanno prodotto altri soldi, altri affari, altre iniziative. In alcuni casi siamo riusciti a sapere qualcosa ma ancora non sappiamo tutto oppure sappiamo troppo poco. Prendiamo ad esempio la storia di Vito Roberto Palazzolo o se vogliamo Robert Van Palace Kolbatschenko, il suo nuovo nome acquisito in Sudafrica dove per anni ha continuato a fare affari e ad avere rapporti con imprenditori, capi di Stato, politici di vario genere. La storia di Palazzolo, ormai nota quasi nei minimi dettagli, potrebbe essere il paradigma della trasformazione del denaro mafioso: condannato a nove anni a Palermo per i suoi rapporti con la mafia, Palazzolo è stato, dicono i magistrati, il tesoriere di Totò Riina e Bernardo Provenzano. Lui, nonostante la condanna definitiva a nove anni di carcere per associazione mafiosa, ovviamente, ha sempre negato: «Per me rappresenta un grande disonore essere indicato come il tesoriere di Riina e Provenzano, i due più grandi criminali d'Italia- ha dichiarato in un'intervista -. È una vergogna essere accusato di avere gestito i patrimoni di questi due, che non ho mai conosciuto. Forse per altri, come ad esempio i pentiti, può essere un vanto, ma per me no. Sfido la polizia italiana e quella di tutto il mondo, compresi i servizi di intelligence, a trovare una sola transazione che io avrei fatto in passato o nel presente in favore di Riina e Provenzano. Dal 1992, da quando si è concluso definitivamente il processo in Svizzera nei miei confronti per riciclaggio - dice Palazzolo - sono sempre stato in Sudafrica e non ho commesso alcun reato. Per questo motivo posso dire che se qualcuno riesce a dimostrare che ho gestito solo dieci euro o dieci lire di Provenzano o Riina, sono subito disposto a trascorrere 30 anni in carcere. L'importante è che queste accuse non si basino soltanto sulle dichiarazioni dei collaboratori di giustizia. Io Riina o Provenzano non li conosco, ma da quello che ho letto, dal loro profilo, si distinguono completamente dal tipo di altre famiglie come Bontate e Calò. Credo nella giustizia, l'ho vista operare bene in Sudafrica, e mi rivolgerò alla Corte europea dei diritti umani, dove penso che esponendo i fatti che mi riguardano potrò avere ragione». E poi riferendosi a Riina e Provenzano, dice: sono «due paesani che non hanno mai aperto un conto corrente in banca, perché non saprebbero nemmeno come fare. È gente che ha sempre vissuto nel proprio paese e dubito che possono essere in grado di pensare a come gestire capitali all'estero».

È possibile che Palazzolo abbia ragione almeno su questo punto. Riina e Provenzano non sarebbero stati certo capaci, tecnicamente, di creare un impero economico finanziario in svariati settori o in ambiti rilevanti come la sanità. «La mafia - spiega Umberto Santino che alla borghesia mafiosa ha sempre dedicato molta attenzione - ha caratteristiche ben precise: una è quella dell'innovazione nella tradizione. Ma la mafia senza l'aiuto della cosiddetta borghesia mafiosa non è in grado di fare molto. Quando io parlo di mafia finanziaria mi riferisco al momento dell'accumulazione del capitale, secondo una logica finanziaria appunto. Ma questa accumulazione avviene con metodi tradizionali: le estorsioni, il traffico di stupefacenti e così via. In generale possiamo dire che alla base degli affari delle mafie vi è la proibizione: è avvenuto con il contrabbando di sigarette e poi è avvenuto con l'eroina». Ecco perché il contesto è così rilevante ed ecco più ci si avvicina al cuore dei soggetti che supportano le mafie più diventa pericoloso: diciamo che il rischio di finire male (ammazzati oppure azzerati sul piano della credibilità pubblica) è direttamente proporzionale. Non è un fatto nuovo: ancora recentemente attorno a provvedimenti che hanno riguardato patrimoni e ricchezze riconducibili alla borghesia siciliana hanno innescato prima polemiche poi accuse, veleni, inchieste. Quando ci si avvicina troppo alla zona grigia il pericolo è di avventurarsi in una palude melmosa e a quel punto non ci si può permettere di sbagliare. Ne aveva piena coscienza Giovanni Falcone che, a costo di essere accusato di eccessiva prudenza se non addirittura di nascondere le prove, in alcuni casi ha preferito soprassedere piuttosto che ritrovarsi a perdere un processo facendo così dell'accusato un eroe, vittima della giustizia ingiusta.

Il forziere

Non sapremo mai se è colpevole. Il reato è stato prescritto e dunque l'imprenditore catanese Giovanni Cannizzo a buon diritto, al termine di un processo durato 12 anni, può rivendicare la sua innocenza: se il processo non fosse stato così lungo «il Tribunale mi avrebbe assolto» ha detto. Cannizzo era accusato di aver riciclato circa 800 milioni di euro per conto della cosca catanese dei Santapaola ed è stato anche arrestato il 20 febbraio 1995 nell'ambito dell'inchiesta condotta dalla Guardia di finanza denominata Forziere alla quale collaborò anche il magistrato svizzero Carla Del Ponte, quel magistrato che era con Giovanni Falcone all'Addaura, a Palermo, il giorno del fallito attentato che rimarrà per sempre uno dei più grandi misteri della storia del nostro Paese. Un'inchiesta, questa sul Forziere, che aveva l'obiettivo di rintracciare i conti bancari di Cosa nostra in Svizzera e che è stata raccontata nei dettagli dalla rivista Gnosis, l'organo ufficiale dei nostri servizi segreti, nel 1995 riportando gli atti di un convegno dedicato appunto al riciclaggio del denaro sporco della mafia. Una vicenda, quella che riguarda questo imprenditore catanese, che dimostra quanto sia difficile, una volta fatta l'inchiesta, arrivare alla condanna: lui, Cannizzo, per questa storia si è fatto persino 14 mesi di carcere preventivo e il suo è diventato un caso internazionale, simbolo di una giustizia, quella italiana, che non funziona. Eppure, i finanzieri ritenevano di aver ricostruito un sistema perfetto per riciclare il denaro provento delle attività criminali della famiglia dei Santapaola. Quel lavoro che non ha avuto esiti processuali certi resta comunque importante per il metodo utilizzato, per il sistema messo in piedi che pone degli interrogativi: quante volte, nella terribile storia della mafia siciliana, quel sistema è stato messo in atto? Quest'uomo, un catanese venuto dal nulla, che aveva eletto a quartier generale un lussuoso albergo della Capitale e si faceva chiamare dottore, non è certo il primo e purtroppo nemmeno l'ultimo ad aver creato un sistema perfetto di investimento di denaro proveniente, diciamo così, da quella che poi tutti hanno definito zona grigia. La sua è una storia interessante perché i nostri servizi di sicurezza, il Sisde, hanno ritenuto di sistematizzarla, vi hanno dedicato tempo e risorse per riuscire a dare un quadro completo. Da quella relazione si ricavano le tecniche utilizzate, tranne qualche piccolo cambiamento nel corso del tempo, per riciclare grandi quantità di denaro da veicolare nel circuito legale e creare una parvenza di normale attività imprenditoriale. Che normale non è affatto. Il caso Cannizzo è solo un punto di partenza in un'analisi un po' più ampia su un fenomeno e su una tecnica, quella del riciclaggio, che ha numerose e proficue varianti. Come ha raccontato un anonimo riciclatore di professione a un altrettanto anonimo cronista del quotidiano online Lettera 43: «Molti crimini, molte possibilità - ha spiegato il professionista del riciclaggio -. Esistono diversi tipi di denaro e conseguenti sistemi di lavaggio. Non si fa sparire allo stesso modo tutto il contante». Un criminale, questo riciclatore in pensione, che dice di avere un'etica del lavoro: mai fare affari con i narcotrafficanti. Certo una generazione diversa da Giuseppe Lottusi, che, ha raccontato Giuseppe D'Avanzo in un bellissimo pezzo del 1991 pubblicato da Repubblica, «come amministratore della Interpart Finanziaria, ha riciclato da Milano a Panama, passando per la Svizzera e il Lussemburgo, diciotto milioni di dollari (circa 23 miliardi di lire) pagati dai Madonia per il primo carico del Grande Business, e, ancora, ha movimentato da Los Angeles verso l'Europa 58 milioni di dollari (72 miliardi di lire), per conto dei Colombiani» tanto da meritarsi da parte del Federal bureau investigation (Fbi) l'appellativo di finanziere del cartello di Medellin. Il nostro anonimo è un tipo concreto, operativo, efficiente: «Chi mi cerca lo fa tramite canali di fiducia. Non lavoro con perfetti sconosciuti: ci deve sempre essere qualcuno che fa da cambiale. I miei sono solo clienti selezionati: praticamente, la quasi totalità arrivano dalla Sicilia e dalla Calabria. Dentro alla mafia c'è tutto: io per regola non ho mai accettato denaro del narcotraffico. C'è un'etica anche in questo mestiere, a suo modo. Io con la droga non ho mai voluto averci a che fare». Ma come avviene il riciclaggio? Quali regole segue? Quali tecniche? L'intervistato fornisce una serie di risposte che però piuttosto che stabilire punti fermi alimentano ulteriormente le nostre domande: quante volte questo sistema che andremo a spiegare è stato avviato e portato a compimento? L'esempio, reale, che viene fatto riguarda il riciclaggio di cinque milioni di euro: «Il cliente - racconta quello che da qui in poi, forse impropriamente chiameremo il Consulente - è una persona seria, non vuole sperperarli in champagne e festini. Vuole investirli in immobili, poniamo un albergo e un ristorante, in modo tale da avere un continuo flusso di contante da gestire. Una sorta di pensione». Ed ecco, raccontato da chi certe operazioni le ha fatte, l'intera procedura per un lavaggio perfetto di denaro sporco, fatto con la precisione che merita un'operazione di questo genere. Anche perché il rischio è alto: se sbagli rischi di finire male. «Il primo passo - racconta ancora il Consulente - , deposito il denaro in un conto fiduciario in Lussemburgo, dove verrà costituita e capitalizzata, con quei fondi, una Soparfi, una Società di partecipazione finanziaria: si tratta di società commerciali il cui principale obiettivo è la gestione di partecipazioni in altre società di capitali. L'alternativa lussemburghese alle holding. Scegliamo il Lussemburgo perché vi si arriva in auto senza attraversare frontiere. Ci sono meno rischi nel trasporto del denaro e dal Nord Italia ci vogliono poche ore. Il passaggio in Lussemburgo è fondamentale perché da qui in avanti il contante scomparirà. Avverranno soltanto transazioni bancarie, con regolari contratti. Lo schema è costruire una serie di società una dentro all'altra, sempre più pulite. La prima è la Soparfi in Lussemburgo. A sua volta, la Soparfi acquisisce una società di diritto inglese, una limited, che chiameremo Dog, con azioni al portatore. Per operare, la Dog deve disporre di una linea di credito passiva presso una banca, diciamo la Hsbc di Londra. Ma la Hsbc non concede il credito senza una garanzia bancaria. Si reperisce la garanzia sul mercato finanziario svizzero. Se ne occupano normalmente alcuni trader di Zurigo: i più affidabili sono gli ebrei. Trovano un istituto che, remunerato con una percentuale del valore della garanzia, assicura le operazioni del richiedente, in questo caso la Soparfi. Con quei soldi si capitalizza la società inglese, la Dog. La banca inglese, garantita dagli svizzeri, monetizza alla società un controvalore pari al 75% del valore facciale della garanzia. Se questa valeva 5 milioni di euro, tanti quanti sono i soldi che vogliamo riciclare, si tratta di 3,75 milioni. Ma non siamo ancora arrivati al punto. Il fulcro dell'operazione è la Cat, una terza società che viene costituita dalla Dog. La Cat è cruciale perché ha un codice fiscale italiano, quindi può operare in Italia. Per farlo crea una quarta società, una società a responsabilità limitata. Ma ha bisogno di un rappresentante fiscale. Dove lo trova? È banale, normalmente basta uno studio di commercialisti. Ci vuole poi un procuratore speciale, che sarà, in questo caso, un avvocato di fiducia del cliente.

La società Cat, finanziata dalla società Dog, costituisce la Pinco Pallino srl. Questa, finalmente, riceve dalla Cat i soldi per acquistare il complesso hotel più su cui il cliente aveva messo gli occhi. Intanto il cliente è assunto come direttore generale o con un ruolo simile, con uno stipendio consono, auto aziendale e tutti i benefit. Poi, bisogna considerare che la Pinco Pallino srl deve restituire il prestito alla Cat e ciò significa che pagherà meno tasse, perché l'utile sarà defalcato della quota di restituzione. Quota, oltretutto, attestata da un contratto validato da un notaio inglese, e tradotto e controfirmato da un notaio italiano. A questo punto facciamo due conti. La garanzia bancaria ci è costata 750 mila euro, l'acquisizione della struttura 3,5 milioni. Con notai, interessi e capitale d'esercizio della società italiana Pinco Pallino srl, le spese totali sono di circa 4,7 milioni di euro. I 5 milioni di denaro sporco iniziale, di cui alla Soparfi resta ancora qualcosa per future operazioni, sono serviti ad acquistare un controvalore immobiliare di 3,5 milioni. Che nel futuro potrà generare altro denaro. Avrà, infine, anche il suo carosello societario e il suo conto lussemburghese sul quale continuare a versare i frutti di altre estorsioni. Ideare il tutto mi è costato 65 giorni di lavoro. Quindi la parcella è 65 mila euro più 102 mila di spese. Totale, 167.000, da cui defalcare l'acconto di cinquanta mila. Il cliente salda al momento della consegna dello schema, secondo le modalità che gli vengono comunicate».

In fondo il meccanismo è sempre quello, con qualche variante sicuramente, ma già sperimentato da altri. Le tecniche non sono cambiate di molto. Sono state solo affinate e adeguate, magari, alla legislazione che cambia. Il ventaglio è veramente ampio così come ampia è la disponibilità di paesi off shore da utilizzare come basi per il lavaggio del denaro sporco. La costruzione del forziere è addirittura molto semplice, talmente semplice da non sembrare vera. Mentre lo è, eccome. Esistono servizi, liberamente consultabili su internet, in cui viene offerta la possibilità di creare una banca off shore. Non è detto che i destinatari siano i criminali. Ma chi può avere interesse, se non ha nulla da nascondere, a creare una banca off shore? In ogni caso gli strumenti sono semplici e accessibili e, per chi ha grandi disponibilità di denaro, anche abbastanza convenienti. Per la "modica" cifra di quasi due milioni di euro è possibile avere in massimo un anno una banca basata in uno dei tanti Paesi off shore (per esempio Panama) completa di tutto.

Ecco l'annuncio che è possibile rintracciare facilmente su internet: «Ci occupiamo di tutta la procedura per la consegna e la manutenzione del progetto finito, sia per quanto riguarda gli aspetti legali con la predisposizione di società e conto corrente offshore, sia per quanto riguarda la struttura operativa con la licenza bancaria internazionale, software e server certificati-protetti per sistemi bancari, marketing globale, centralino call-center 24h, sito multilingua con Internet Banking di ultima generazione, allestimento di ufficio operativo nella giurisdizione e di ufficio virtuale con indirizzo in città di prestigio con tutti i vari servizi connessi (computer, telefoni, fax, etc.), formazione del personale della banca, assunzione dipendenti specializzati nella giurisdizione, codice Swift, conto corrente della banca in banca corrispondente europea, emissione carte di debito, cheques, nomina avvocato, nomina revisore contabile e business clan. Il pacchetto completo che noi proponiamo è per la realizzazione di una struttura di medio-alto livello, pertanto con i benefici che può generare». Un fenomeno non nuovo, per la verità, già scientificamente classificato dagli uomini della Guardia di finanza, i quali hanno sì un quadro chiaro dei sistemi tecnici utilizzati ma ammettono di non poter fare un calcolo preciso per quanto riguarda il denaro proveniente dall'Italia e depositato all'estero: «Sull'ammontare e le rotte dei capitali trasferiti all'estero dagli italiani, è praticamente impossibile disporre di dati attendibili - scrivono i finanzieri -. I connazionali iscritti all'Aire (l'anagrafe dei residenti all'estero) sono 1,4 milioni, e di questi il 3 per cento circa (40.000 persone) risiede in paesi considerati a "fiscalità privilegiata". In esito al provvedimento legislativo noto come scudo fiscale (2002 -2003), si sono stimati in 500 miliardi di euro i capitali italiani illegalmente esportati; 73 miliardi di euro sono stati quelli "sanati", di cui 30 miliardi regolarizzati all'estero e 43 miliardi rientrati nelle banche italiane. Il 54 per cento di tale ultima somma proveniva dalla Svizzera (23,5 miliardi)». Se così stanno le cose sono rimasti in circolazione, non sanati, 427 miliardi di euro di cui, per ammissione della Guardia di finanza, possiamo sapere ben poco. Non sappiamo, dunque, se questi miliardi, tra cui si può presumere vi siano anche i soldi sporchi della criminalità organizzata, sono stati utilizzati per costituire società di comodo. Gli strumenti, come è noto, non mancano: trust, società "off-shore", triangolazioni e creazioni di "international business companies" sono solo alcuni. I costi, sottolineano i finanzieri, sono veramente irrisori: «Alcune società offrono uno studio al costo medio di 500 dollari. Una volta realizzato, il cliente è libero di acquistare gli strumenti per attuare il piano fiscale che desidera rendere operativo. Una società off-shore costa in media 900 dollari (tutto compreso), un conto in banca 500 dollari, un conto e-commerce 150 dollari, carte di debito anonime per pagamenti in nero 200 dollari cadauna. All'indomani degli scandali finanziari che hanno visto coinvolti grossi gruppi industriali che avevano delle "casseforti" in alcuni paradisi fiscali, si è assistito anche ad una modifica dei meccanismi "elusivi" generalmente utilizzati e sta emergendo una nuova realtà in grado di allettare per la portata del rapporto costi/guadagni anche realtà piccole». Ma non è poi così necessario creare grandi strutture offshore per nascondere il denaro criminale e per riportarlo sul mercato legale con altre sembianze. Il mutamento ha investito la cultura dei criminali, il loro atteggiamento: oggi, spesso, sono imprenditori che non fanno sfoggio di benessere ma tendono a nasconderlo. Ci sono casi di mafiosi conclamati, nel cuore più profondo della Sicilia, che continuano ad andare in giro su automobili scassate e abitano in palazzi scrostati e cadenti (fuori) ma non privi di lusso all'interno. In fondo un modello già molto in voga nei vari paesi della Calabria. Ci si immagina spesso grandi professionisti con giacca e cravatta ma c'è un'altra verità ed è proprio a portata di mano, diciamo tra noi. La mafia, secondo molti ragionamenti, oggi può essere paragonata ai mostri di Dylan Dog che sono tra noi ma serve un potere in più per riconoscerla e in concreto potremmo dire che sono necessarie competenze ulteriori, capacità di analisi, conoscenza del territorio. Non si tratta più di cialtroni dal grilletto facile ma raffinatissimi viddani che si fanno aiutare da altrettanto raffinatissimi professionisti e lucrano su tutto, soprattutto in settori ad alto valore aggiunto, costituendo società all'apparenza irreprensibili ma in verità tarlate dal denaro mafioso, sporco, macchiato di sangue, di prepotenze, di odio. A cosa serve il forziere? Ovviamente non ha solo una funzione di deposito. Il forziere serve a far transitare il denaro criminale e sempre più spesso a reimmetterlo nell'economia legale. La Direzione investigativa antimafia ha sottolineato come «l'aspetto più rimarchevole della fenomenologia mafiosa è l'accentuata tendenza all'inquinamento dell'economia legale, ove le imprese mafiose irrompono con una disponibilità di risorse che, nello scorcio attuale, caratterizzano una crisi economica di sistema, le rende competitori imbattibili».

Un fenomeno più evidente, secondo gli osservatori, al Nord dove il contagio mafioso - scrivono i ricercatori della Bocconi - avviene «in gran parte attraverso il mercato dei capitali, grazie al quale masse di denaro sporco arrivano alle imprese creando dipendenza». Insomma, siamo in presenza di un'economia drogata. «Nel Nord Italia - si legge ancora nella ricerca della Bocconi - la mafia è riuscita ad alterare le dinamiche economiche mediante il controllo dei settori tradizionali (come quello degli appalti pubblici) e l'occupazione di settori nuovi e diversificati come, ad esempio, lo smaltimento dei rifiuti, la sanità, il gioco online, la ristorazione, la contraffazione, il florovivaismo e le energie alternative». Purtroppo, va anche detto, i grandi capitali possono arrivare fino al cuore del nostro mondo finanziario. Se un fondo di investimenti, magari basato a Londra ma controllato da un altro fondo che sta alle Cayman decide di investire in Italia, difficilmente si riuscirà a sapere se all'origine vi sia stato capitale di origine criminale.

«Creare strutture da riempire all'occorrenza - spiegano gli esperti - è un fatto abbastanza normale. Di solito tra i soci vi sono soggetti non collegabili ad alcuna consorteria criminale o addirittura professionisti che di mestiere fanno proprio questo». Resta da capire su quanti soldi in verità le mafie possono contare. Le stime che circolano sono sempre eccessive. Mettiamola così dunque: le mafie hanno un sacco di denaro. Un sacco sì ma quanto? E questa è una domanda un po' più complessa cui è difficile dare una risposta. Per farlo bisogna partire dal basso, da quello che le mafie fanno, dal loro core business per dirla con le parole di chi parla difficile. E qual è oggi il core business delle mafie? La droga, certo, ma non solo. Il racket, il pizzo, ma non solo. Oggi il core business delle mafie è legale, molto legale: ristoranti, real estate, alberghi persino i call center. Oltre all'edilizia, ovviamente, e all'immobiliare. Ed è vero che la contraffazione, per esempio porta molti soldi nelle casse delle mafie, e sono tornati persino i banchetti con le sigarette di contrabbando o il gioco d'azzardo online. Ma sono le attività legali che saltano agli occhi. Per capirlo serve una mappa come la cartina dell'Europa elaborata dal centro Transcrime dell'Università Cattolica di Milano che ha anche fatto uno studio dettagliato per conto del ministero dell'Interno sulle varie dislocazioni in Italia degli investimenti delle mafie e sul tipo di reinvestimento di denaro sporco fatto dalle organizzazioni criminali nel nostro Paese.

Del resto lo stesso direttore della Dia Nunzio Ferla sottolinea le difficoltà a rintracciare o quantomeno definire la consistenza dei patrimoni mafiosi: «Il fenomeno della globalizzazione - dice Ferla - ha favorito la metamorfosi delle organizzazioni di tipo mafioso, trasformate in vere e proprie holding del malaffare in grado di controllare e gestire i più disparati target economici, soprattutto nei settori strategici della finanza, dell'energia e dell'interscambio di beni e servizi nel contesto dei mercati nazionali e internazionali: si parla oramai sempre più spesso di impresa mafiosa come di un modello efficiente e flessibile improntato ad alcuni dei principi basilari dell'economia moderna, tra cui la stabilità e la riduzione del rischio».

La rappresentazione geografica fatta dai ricercatori di Transcrime dà l'idea di quanto vasta e forte sia la presenza delle mafie nel sistema economico sia italiano che europeo. Sì, perché lo studio degli esperti dell'Università Cattolica, offre uno spaccato abbastanza preciso dei settori in cui le mafie investono in Europa. E parliamo soprattutto di Europa perché è all'estero, anche per la presenza di norme antimafia meno severe, che le organizzazioni criminali riescono a camuffare meglio l'origine dei soldi. Uno studio molto importante perché forse per la prima volta è stata data una rappresentazione geografica puntuale degli interessi criminali delle mafie italiane ma non solo: tutte le informazioni provengono da fonti aperte (articoli di giornale, rapporti vari) e segnalano la necessità di un unico coordinamento europeo forte delle inchieste sul crimine organizzato, soprattutto sul fronte economico finanziario.

C'è una presenza omogenea delle mafie italiane nella parte occidentale dell'Europa mentre a oriente viene rilevata la presenza della criminalità organizzata italiana in Romania. Sul fronte Est da registrare anche la presenza in solitario della mafia pugliese (Sacra Corona unita) in Albania dove ha investito nei settori alberghiero e della ristorazione e in particolare a Valona (in albanese Vlorë).

Mentre in Romania è stata individuata la presenza della mafia siciliana che gestisce attività nei settori del trasporto, del real estate e del commercio all'ingrosso e al dettaglio di alimentari mentre la camorra gestisce attività agricole e della pesca: la mafia è presente soprattutto a Bucarest mentre la camorra a Barlad in Moldavia. Sul fronte occidentale possiamo già registrare il monopolio assoluto a Tenerife da parte della 'ndrangheta che qui controlla le attività di real estate, la ristorazione, gli alberghi e altre attività minori e non specificate nel rapporto di Transcrime. In Spagna e Portogallo è stata individuata la presenza delle tre principali organizzazioni criminali italiane: alla mafia siciliana fanno capo le attività di real estate, agricoltura e pesca e alberghiere; alla camorra agricoltura e pesca, ristorazione, trasporti, commercio al dettaglio e all'ingrosso; alla 'ndrangheta ristorazione, alberghi e real estate. In particolare, la camorra è presente a Vigo (agricoltura e commercio di alimentari), a Madrid (ristorazione e commercio di alimentari) e in Andalusia (trasporti) dove è presente anche la 'ndrangheta in agricoltura. In

Francia c'è la mafia siciliana che gestisce i giochi illegali e d'azzardo, per esempio, a Nizza e gli alberghi (in Corsica) mentre la 'ndrangheta è presente sia nel settore alberghiero che in quello dei lavori pubblici (a Mentone). In Svizzera manco a dirlo le attività privilegiate sono quelle finanziarie: la cartina registra la presenza di 'ndrangheta e camorra. In Germania sono presenti sia la 'ndrangheta che la camorra: la prima (a Geldern, Oberhausen e ovviamente Duisburg) è insediata nei settori del commercio all'ingrosso e al dettaglio, nella ristorazione e nel settore alberghiero; la seconda nel commercio all'ingrosso e al dettaglio e nel tessile.

In Gran Bretagna sono presenti tutte e tre le organizzazioni criminali italiane: la camorra ha in Aberdeen, il terzo centro più popoloso della Scozia, una roccaforte con il controllo della ristorazione, dei lavori pubblici, del commercio all'ingrosso e al dettaglio di cibo, del real estate; la mafia siciliana a Londra gestisce il gioco illegale e d'azzardo; la 'ndrangheta sempre a Londra il real estate mentre la camorra è presente nel commercio all'ingrosso e al dettaglio. Per capire il valore dei mercati illegali ci facciamo aiutare da un esperto, potremmo dire un grande esperto: il governatore della Banca d'Italia Ignazio Visco. È stato lui a spiegare alla commissione parlamentare antimafia, nel corso di un'audizione, quanto e come incide l'economia criminale. «I problemi di definizione sono rilevanti – dice Visco-. Tra le principali stime oggi disponibili vi sono: quelle rilasciate a settembre 2014 dall'Istat sull'economia illegale, intesa come commercio di sostanze stupefacenti, attività di prostituzione e contrabbando di alcool e tabacchi lavorati e, nel 2011, il suo peso sarebbe stato complessivamente pari allo 0,9 per cento del prodotto interno lordo, valore simile a quello della Spagna e lievemente superiore a quello del Regno Unito (0,7 per cento). Ma ci sono anche quelle realizzate da Transcrime e che valutano tali mercati in circa 110 miliardi di euro in Europa, di cui poco meno di 16 miliardi in Italia (1 per cento del Pil, con una percentuale simile a quella di Spagna e Irlanda ma inferiore alla Grecia e ad alcuni paesi dell'Europa orientale)».

Beate misure di prevenzione

I collaboratori di giustizia ci sono. Ci sono le procure distrettuali antimafia. Ci sono forze di polizia specializzate e centralizzate che riescono a mettere insieme tutti gli indizi che poi costituiscono le prove contro la mafia e c'è la direzione investigativa antimafia. Eppure, a 25 anni di distanza dalla strage che costò la vita a Giovanni Falcone, alla moglie Francesca Morvillo e agli agenti della sua scorta, qualcosa del "metodo-Falcone" e della sua grande intuizione ("Segui il denaro per trovare la mafia") ancora non gira per il verso giusto e necessita di una messa a punto.

Non è un caso che, nonostante sia ritenuto uno dei sistemi più avanzati di lotta alla criminalità organizzata, il sistema penale italiano mostri ormai segnali inequivocabili di inadeguatezza. O quasi. Perché di certo c'è qualche problema legislativo. Ma questa non è la sola debolezza in un contesto in cui le organizzazioni criminali, si dice sempre più spesso, stanno provando a cambiare pelle e, in qualche caso, ci sono persino riuscite. Se è vero che la grande emergenza era e resta l'ala militare delle organizzazioni mafiose, capace con il suo carico di violenza di piegare interi territori, è anche vero che restano aperte alcune questioni su fronti che solo apparentemente hanno poco a che vedere con le mafie.

Appare evidente, infatti, che soprattutto negli ultimi anni è stato costruito nel nostro Paese un nuovo paradigma criminale al cui interno la forza dell'intimidazione e il vincolo associativo, due elementi chiave dell'articolo 416 bis, non sempre emergono con chiarezza. «Una domanda che ci dobbiamo fare – dice Piergiorgio Morosini, fino a qualche tempo fa Gip a Palermo e oggi al Consiglio superiore della magistratura – è se la definizione di associazione per delinquere di stampo mafioso, confezionata nel 1982 e poi rimodulata sulla base di una serie di interventi legislativi, riesca ancora a fotografare integralmente la realtà delle cose. Sarei portato a pensare che il nucleo centrale di questa fattispecie, molto ancorato alla capacità intimidatoria che mette in discussione anche la sicurezza fisica di molti su certi territori, sia un requisito che non riesce a essere condiviso da tutte le realtà dove le associazioni criminali di stampo mafioso operano. Rischiamo di perderci una fetta di realtà, attraverso uno sguardo giudiziario dei fenomeni con l'angolo prospettico dell'originaria fattispecie del 416 bis, legata alla forza intimidatoria e al condizionamento ambientale». Il cambio di passo è avvenuto ed è ormai sotto gli occhi di tutti. E non riguarda ovviamente solo la mafia siciliana: «Parlare, mantenendole separate, di 'ndrangheta, Cosa nostra e camorra è assolutamente separato – ha spiegato al mensile Antimafiaduemila il pubblico ministero Giuseppe Lombardo -. Loro vivono in un sistema criminale di tipo mafioso integrato, in cui le singole storiche organizzazioni mantengono le loro caratteristiche e soprattutto rimangono ancorate ai loro territori, ma sanno perfettamente che la loro vera forza è legata alla capacità di operare in maniera sinergica, attuando un programma criminale in grado di agevolare tutti.

Già, tra la fine degli anni Sessanta e l'inizio degli anni Settanta la 'ndrangheta diventa l'organizzazione criminale più capace di curare determinate relazioni e, soprattutto, di fornire anche armi ed esplosivi di vario tipo. Oggi quel percorso criminale è andato avanti seguendo una strada coerente, le mafie sono molto più organizzate di noi, sono assolutamente convinte di quello che fanno e quindi lo fanno molto meglio.

La 'ndrangheta, in questo momento, ha un potere tale, soprattutto economico, a livello mondiale, da poter acquistare chiunque e qualsiasi cosa». C'è dunque un sistema informale, non dichiarato ma concreto e operativo in cui sono attive le convergenze di interessi tra le varie mafie e tra le mafie e pezzi marci del sistema economico e politico che torna utile soprattutto per lucrare sui fondi pubblici: ne è rivelatore «uno studio – ha spiegato in un suo intervento a Palermo il direttore di Banca d'Italia Salvatore Rossi – dedicato a investigare l'influenza della criminalità organizzata, per via corruttiva, sulla allocazione degli incentivi pubblici alle imprese offerti dalla Legge 488/92. Classificando i vari comuni italiani per presenza criminale, rilevando i reati ex articolo 416 bis del Codice penale (associazione a delinquere di stampo mafioso) e i casi di scioglimento del Consiglio comunale per infiltrazione della criminalità organizzata si trova che a parità di altre condizioni, più criminalità è presente e più incentivi pubblici arrivano: non per maggior merito delle imprese riceventi, ma per cattive decisioni pubbliche, presumibilmente orientate da fenomeni corruttivi».

Ed è, questo, solo un aspetto di un panorama più ampio in cui hanno un ruolo notevole le reti criminali cui appartengono anche soggetti che apparentemente, ma solo apparentemente, stanno nella legalità. Soggetti che spesso ricoprono ruoli di vertice e mantengono relazioni importanti, anche istituzionali. Un esempio lo fa ancora Lombardo, riferendosi evidentemente alla 'ndrangheta: «C'è un momento ben preciso in cui tu capisci di aver capito. Soprattutto, capisci che loro hanno capito che tu hai capito – spiega Lombardo -. A Reggio Calabria è successo per quanto riguarda il mio lavoro tra il 2009 e il 2010. Quando ho cominciato a mettere insieme i pezzi loro mi hanno fatto sapere che sapevano con una puntualità imbarazzante cosa stavo facendo. È proprio questa la prova definitiva di quello che ci stiamo dicendo. Quando abbiamo iniziato a cambiare impostazione al nostro lavoro e abbiamo detto che eravamo ormai consapevoli che accanto alla parte visibile di questo sistema criminale, che doveva servire a proteggere la parte riservata, vi era altro, di più alto profilo, quella parte che conta davvero, allora si sono preoccupati seriamente. Questo linguaggio ci ha consentito di capire che esisteva una parte ulteriore che la 'ndrangheta definisce "invisibile", una parte riservata, occulta, in cui i soggetti che ne fanno parte non sono investiti di cariche organiche alla struttura criminale, perché ciò comporterebbe la perdita dell'invisibilità. Per scongiurare il rischio che tale componente venisse conosciuta dalla base hanno creato una serie di cariche speciali, a favore proprio di quei soggetti che sono la vera mente dell'organizzazione ma sono coloro che determinano le scelte criminali da attuare. Sono i soggetti che costituiscono la cellula pensante di alto livello, il cuore del sistema criminale. Pur utilizzando altri termini, ritengo che Cosa nostra abbia gli stessi profili caratteristici. Sono queste le parti che quando si incontrano tra loro costituiscono il vero sistema criminale di tipo mafioso, quel sistema che poi stabilisce quali sono le strategie da seguire e le azioni da consumare, che poi sono affidate alle varie parti visibili. Se è necessario agire nel territorio di Palermo, l'esecuzione è affidata a chi in quei territori storicamente ha sempre operato: così avviene in Calabria. Se si deve operare in qualsiasi altro territorio è stabilito di volta in volta chi materialmente deve consumare l'azione, valutando i vari aspetti che tratteggiano lo specifico ambito operativo».

Un approccio, quello spiegato dal magistrato calabrese, che ha provocato anche un cambio all'interno delle organizzazioni criminali. Le quali hanno voluto e saputo darsi nuove regole, hanno in molti casi reso informale quel vincolo che, se provato, potrebbe metterli in grave difficoltà. «Dall'integrazione tra arcipelago mafioso e settori qualificanti della società – commenta Costantino Visconti, ordinario di Diritto penale all'Università di Palermo – prenderebbe vita una sorta di sistema del malaffare a geometrie variabili, costituito da consorterie politico-mafiose, all'interno delle quali i mafiosi in senso stretto non sempre esercitano un ruolo predominante: può, infatti, accadere il contrario, nel senso che il gioco è condotto soprattutto da comitati d'affari o da cordate politico-clientelari, che usano i mafiosi per regolare le attività, proteggersi dalla concorrenza, ottenere favori dalle amministrazioni pubbliche». E dunque capita sempre più spesso che il fenomeno mafia (declinato in tutte le sue varianti: camorra, 'ndrangheta e così via) sia sempre più impercettibile: «Osservando da vicino variegati rapporti intrattenuti dalle mafie con il mondo delle imprese – continua Visconti – ci si avvede che, al momento di decifrarne la natura e la rilevanza a fini giudiziari, tendono a prevalere le sfumature sui contorni netti». È un punto fermo che si aggiunge ad altri: sappiamo quali sono i settori in cui le mafie operano direttamente e sappiamo che prediligono settori a basso valore aggiunto. Ed è ormai noto che, per le mafie, molte cose sono possibili grazie alla contiguità con i colletti bianchi: professionisti, imprenditori, tecnici, politici e funzionari pubblici che mettono a disposizione delle cosche conoscenze, competenze e relazioni nell'ambito di uno scambio di favori. Ma poco o nulla sappiamo delle mafie finanziarie, della loro attività, della loro azione. Possiamo escludere che siano attive? «Assolutamente no», assicura Visconti.

Ed è questa, pare, la nuova sfida resa ancora più difficile dalla complessità degli strumenti che queste mafie hanno a disposizione, dalle regole (e dall'assenza di regole a volte) che la mondializzazione si porta dietro. Vale anche in questo caso un ragionamento fatto da Lombardo nell'intervista rilasciata ad Antimafia duemila: «C'è un insieme di soggetti e sono tutti coloro i quali operano in maniera infedele negli ambiti strategici a livello mondiale, soprattutto in ambito finanziario, economico, imprenditoriale, ma anche politico e istituzionale. Sono soggetti che hanno rapporti stabili in settori chiave, che passano dal sistema bancario ai principali sistemi finanziari e, soprattutto, entrano in quegli apparati che governano il potere reale». Ormai appare chiaro che, a prescindere dalle considerazioni di alcuni magistrati che vorrebbero riportare tutto all'origine territoriale delle associazioni criminali, i mafiosi agiscono al di là del loro territorio di riferimento e il magistrato lo conferma: «L'errore di fondo da non fare è considerare nel 2015 la 'ndrangheta come un'organizzazione tipicamente calabrese o Cosa nostra come un'organizzazione tipicamente siciliana, perché operano in un mercato mondiale e in quello spazio economico godono di autorevolezza senza pari. Se da una parte sembrano aver perso le loro singole individualità, in realtà hanno acquistato un potere sempre maggiore proprio perché non si presentano come espressioni di singole realtà locali: nel momento in cui il grande capo mafia calabrese ha necessità di operare in uno Stato estero o ha necessità di aprire nuovi canali operativi in ambito finanziario, ricorre al sistema criminale integrato di cui è parte che lo agevola e lo protegge, rendendolo invisibile».

C'è da raccogliere oggi l'eredità di Falcone (e di Paolo Borsellino ovviamente) in termini di intuito, organizzazione, nuove regole, prospettiva. Un esempio? Falcone diceva (lo abbiamo già ricordato): «Segui il denaro per trovare la mafia»: la soluzione, quindi, è cercare i soldi. Ecco uno dei punti più deboli, secondo il giurista Giovanni Fiandaca, che ne ha parlato in una sede istituzionale come la commissione parlamentare Antimafia: «Nel corso di un ventennio di applicazione giurisprudenziale – ha spiegato Fiandaca – le fattispecie di riciclaggio hanno avuto un impatto nella prassi molto insoddisfacente e molto limitato e io credo che questo risultato si spieghi piuttosto che con insufficienze nelle formulazioni normative in se stesse considerate, con la complessità delle indagini in materia di riciclaggio, per cui i fenomeni più rilevanti sfuggono, mentre cadono nella rete giudiziaria fatti di importanza secondaria». Il che, detto in parole semplici, significa che non si riescono spesso a scoprire i grandi movimenti di denaro, quelli che utilizzano sistemi complessi.

Perché? «Mi permetto di avanzare l'ipotesi – ha aggiunto Fiandaca – che l'insufficiente repressione giudiziaria dei fenomeni di riciclaggio dipende anche da un'insufficiente preparazione tecnica dei magistrati. C'è un problema grosso di formazione anche in materia economico- finanziaria dei magistrati».

Bisogna fare i conti con una situazione complessa in cui la tradizionale attività delle mafie (in particolare le estorsioni) è solo un tassello di un puzzle molto più ampio in cui reati di mafia e reati dei colletti bianchi si toccano, interagiscono, si intersecano come spiega Dino Petralia, procuratore aggiunto a Palermo con delega al coordinamento delle indagini sulla pubblica amministrazione e alle misure di prevenzione: «Esiste –dice Petralia – un fenomeno che è molto meridionale e anche sufficientemente siciliano che non è quello dei cerchi concentrici, ma degli insiemi che si intersecano, in cui c'è una parte comune ai due insiemi: questa è la pubblica amministrazione mafiosa. Questo è un terreno su cui ancora siamo indietro perché siamo indietro sulla possibilità di investigare in materia di pubblica amministrazione. È proprio questo il punto: si coglie da fascicolo a fascicolo una quasi paradossale supremazia del pubblico amministratore, dei pubblici ufficiali rispetto ai mafiosi, così come c'è una tendenziale supremazia degli imprenditori sui mafiosi. Questo significa, da un lato, una debolezza tendenziale della mafia che potrebbe esserci in certi settori e

in certe aree geografiche e, dall'altro, una predo-
minanza di potere che corrisponde al potere di
erogazione economica, visto che oggi i flussi economici sono solo quelli della pubblica amministrazione e delle grandi imprese. E questo spiega
perché la mafia sta ritornando al fenomeno della
droga e non è escluso che torni anche al contrabbando di sigarette.

C'è bisogno di perforare questa corteccia della
pubblica amministrazione e della corruzione: finora siamo riusciti a sanzionarla come merita solo
a macchia di leopardo. Ci proviamo». Problemi
che si è certamente posto il Consiglio superiore
della magistratura creando un comitato che si oc-
cuperà di criminalità organizzata con proposte
sulle piante organiche, sui moduli organizzativi,
sulle leggi: «Ci siamo resi conto – afferma Morosini – che occorre una nuova riflessione organica
su questo tema anche sotto il profilo delle risposte
di sistema che possono arrivare da un organo
come il Csm. Pensiamo ad esempio alle procure
distrettuali antimafia: quando sono state concepite
avevamo in mente delle forme di manifestazione
del crimine mafioso molto proiettate sulla dimen-
sione dell'aggressività fisica e del profilo sangui-
nario e questo fatto aveva portato all'individua-
zione di dipartimenti di una certa consistenza
proiettati su questo tipo di criminalità sottraendo
risorse umane a dipartimenti come quello per i
reati contro la Pubblica amministrazione e reati
relativi al circuito economico-finanziario.

Oggi ci rendiamo conto che non si può parlare di criminalità organizzata senza affiancarla a fenomeni di sistemi criminali integrati dove la corruzione diventa il collante e dove gli obiettivi sono quelli di condizionamento di circuiti amministrativi e di circuiti economico-finanziari. Di conseguenza questi dipartimenti che si occupavano di certi reati, ma che non rientravano nella direzione distrettuale antimafia, dovrebbero essere in qualche modo potenziati redistribuendo determinate risorse che oggi sono concentrate su dipartimenti di Dda che rischiano sotto certi profili di essere sovradimensionati e bisogna aumentare le forme di collegamento con altri dipartimenti».

Intanto, in parecchi casi, il sistema giudiziario (e investigativo) è riuscito a trovare le giuste soluzioni per combattere un fenomeno complesso come quello criminale. Ne sono un esempio i provvedimenti delle sezioni Misure di prevenzione dei Tribunali che, in non pochi casi, hanno permesso di sequestrare ingenti beni ai mafiosi o ai loro eredi anche in assenza di indagini da parte delle procure. «Penso – dice ancora Morosini – all'importanza che hanno oggi le misure di prevenzione e al tema della specializzazione della formazione dei magistrati che si occupano di questa specialissima materia da magistrato postmoderno che deve avere la cognizione di una serie di cose che vanno ben oltre il diritto e che attengono molto addirittura alla conoscenza delle scelte gestionali di un'impresa. Tutto questo ci fa comprendere che occorre attrezzarsi anche dal punto di vista ordinamentale e organizzativo all'interno della magistratura». È fuor di dubbio, comunque, che il sistema della prevenzione patrimoniale, in alcuni casi, ha funzionato meglio delle stesse indagini penali e ha fatto emergere ingenti patrimoni accumulati grazie alla collusione con la mafia. Ne è un esempio Palermo dove, negli ultimi anni, grazie alla speciale normativa sulla prevenzione, sono stati sequestrati patrimoni per miliardi di euro e le misure hanno colpito anche grandi aziende nazionali e internazionali.

«Il sistema funziona – dice il procuratore nazionale antimafia Franco Roberti –: penso al lavoro di indagine fatto in diverse aree del Paese. A Milano, per esempio, c'è un giovane magistrato come Paolo Storari che ha fatto delle cose molto interessanti. Il problema semmai è quello di attrezzarsi per individuare i finanziamenti che stanno alla base dei grandi traffici di droga, vero grande business delle organizzazioni criminali. C'è un dato di fatto: aumentano i sequestri ma non diminuisce la droga in circolazione. Ciò significa che loro hanno risorse per continuare ad alimentare questo mercato. È un flusso che spesso sfugge: ci sono società, anche apparentemente legali, con sede all'estero che hanno un ruolo di cassaforte e che per il sistema sono invisibili».

Occorre dunque cambiare strategia o riprendere e attualizzare quella metodologia che fu di Giovanni Falcone e Paolo Borsellino. Un metodo che aiuta a comprendere le cose nel loro insieme, che valorizza le connessioni, sviscera i legami: «Borsellino poco prima di morire disse in maniera straordinariamente chiara che non si può fare questo lavoro pensando che le organizzazioni criminali siano bande di criminali disorganizzate o legate a logiche primordiali – spiega ancora Giuseppe Lombardo -. Fino a quando esisterà questo approccio, soprattutto da parte di chi fa il nostro lavoro, ci troveremo sempre davanti a difficoltà insormontabili. Ormai siamo assolutamente consapevoli di quello che deve essere il nostro compito e soprattutto siamo già in possesso di quasi tutte le risposte ai principali quesiti. Se nel momento in cui, affrontando nuove situazioni, non abbiamo la capacità di evitare di ripartire costantemente da zero, non saremmo mai in grado di alzare il livello delle nostre indagini». Per il magistrato calabrese «la loro forza (quella delle organizzazioni criminali ndr) sono le relazioni, che non sono esterne alle organizzazioni criminali. Se cambiamo prospettiva ed immaginiamo un sistema integrato, in cui queste singole componenti diventano parti di un qualcosa di molto più ampio, otteniamo il risultato evidente che quello che sta all'esterno rispetto alle singole mafie si troverà, invece, all'interno del più ampio sistema criminale. L'errore peggiore che si possa commettere è processare le persone ritenendole concorrenti esterne a Cosa nostra o alla 'ndrangheta, quando invece più attente investigazioni le trasformano in soggetti di vertice del sistema criminale di tipo mafioso. Sono le nostre capacità investigative che trasformano quell'esterno in una componente interna, che spesso diventa anche il vertice: ecco quello che diceva Borsellino. Se così non fosse, si tratterebbe di bande di delinquenti di bassissimo livello, torneremmo a un'organizzazione con caratteristiche di base talmente note, che non sarebbe difficile annientare in pochi anni e individuare tutti i responsabili. Questo non è ancora avvenuto perché quel circuito criminale primordiale oggi è diventato molto altro, pur mantenendo una serie imprescindibile di legami con le regole tradizionali».

La palude siciliana

Il primo settembre 2007 a Palermo c'era vento. Quel giorno c'era vento anche a Caltanissetta: un vento nuovo. Nel cuore della città c'era una riunione di uomini in giacca e cravatta. Erano gli imprenditori siciliani di Confindustria, convocati d'urgenza dopo un'estate di fuoco e attentati a loro colleghi. Forse, in principio, non pensavano nemmeno di entrare nella storia. Perché è stato quel giorno che gli industriali hanno deliberato la modifica al codice etico dell'associazione, con una previsione netta: fuori chi non denuncia il racket e chi è colluso.

Un passaggio epocale, si direbbe, perché in quei pochi articoli del codice si diceva e si dice una cosa apparentemente molto semplice e quasi banale, ma proprio perché deliberata da quel consesso di imprenditori assume un valore rivoluzionario. Una scelta di campo, quella degli imprenditori siciliani, che non era arrivata per caso: due anni prima, nel 2005, la Confindustria di Caltanissetta aveva fatto una scelta radicale portando al vertice Antonello Montante, chiudendo così con l'ingegnere e imprenditore Pietro Di Vincenzo, che aveva accumulato accuse e inchieste per rapporti collusivi con Cosa nostra e poi altre accuse di corruzione. Insomma, già allora sembrava soffiare un vento di rinnovamento e di svolta. E sembra quasi un'eresia parlarne oggi che Antonello

Montante è indagato dalla procura di Caltanissetta (ovvero da quegli stessi magistrati con cui lui spesso ha collaborato) per concorso esterno in associazione mafiosa ed è stato eretto a simbolo di un'antimafia cialtrona che avrebbe utilizzato la lotta alla mafia per fare carriera.

Di questo si occuperanno i magistrati come è giusto che sia. Perché questa storia ha un risvolto concreto nella vicenda che noi ci apprestiamo a narrare provando ad approfondire un tema che negli ultimi anni si è fatto paradossalmente sempre più complesso e sfuggente. Sullo sfondo, infatti, c'è il potere che non è un fatto terzo e irrilevante nelle storie di mafia. Il potere, in Sicilia, acquista forma e sostanza nelle stanze della Regione siciliana, in quella macchina elefantiaca che governa tutto ed è presente in ogni pezzo della nostra vita, ma si manifesta altrettanto bene nei palazzi dei Comuni, ovunque c'è denaro (pubblico) da gestire.

La regione, però, è altra cosa e non è estranea alle vicende di mafia (basti ricordare che un presidente come Piersanti Mattarella che aveva fatto del rinnovamento morale la sua bandiera è stato ammazzato) e le inchieste e le condanne recenti lo hanno dimostrato: la condanna di Totò Cuffaro, i processi al suo successore Raffaele Lombardo accusato di concorso esterno in associazione mafiosa. La Confindustria regionale (oggi Sicindustria), armata di quel programma ideale e operativo inteso come lotta alla mafia e attività di modernizzazione di un sistema parassitario e fuori mercato perché dipendente sostanzialmente dalle commesse pubbliche, ha accettato di entrare a far parte del governo regionale e addirittura ha partecipato, secondo alcuni, alla decisione di esprimere una candidatura piuttosto che un'altra (nel caso di Rosario Crocetta), accettando di colmare con il proprio ruolo quel vuoto politico che si era determinato, sulla base di alcune semplici riflessioni: perché non deve essere possibile in Sicilia ciò che invece è possibile in altre parti d'Italia? Perché ciò che, per dire, in Lombardia è normale e lì è accettata la partecipazione di uomini e donne provenienti dal mondo confindustriale e ciò non deve essere possibile in Sicilia? Se tutto questo è possibile a Roma perché non qui? Perché qui, potrebbe essere una risposta, c'è la mafia e la mafia, a differenza di altre associazioni criminali, è intrinsecamente legata al potere, fa parte di una solida base sociale ed economica, si insinua e si allarga con i suoi uomini migliori e forse mai concretamente associati alla mafia (per citare categorie forse addirittura desuete alle prese come siamo con una organizzazione fluida anzi per meglio dire liquida così come fluida e liquida è diventata la società). Vedremo come andrà a finire la vicenda giudiziaria di quest'uomo, parlo di Antonello Montante, ma non c'è alcun dubbio, al netto di degenerazioni che sono possibili in tutte le organizzazioni complesse ma fin qui ancora tutte da dimostrare, che la scelta di Confindustria Sicilia ha rappresentato e rappresenta una cesura con un passato nemmeno tanto lontano e forse proprio per questo incombente sulle vicende che ci riguardano e ci toccano da vicino. Serve tempo per districare questa complicata matassa in cui in tanti giocano un ruolo attivo: politici, professionisti, imprenditori vecchi e nuovi, un certo tipo di informazione che ha fatto diventare prassi l'uso distorto delle garanzie ma che non è stata in grado, fin qui, di organizzare una vera inchiesta giornalistica.

Perché la Sicilia è anche questo: si citano a sproposito Mauro Rostagno e Mario Francese, che le inchieste le facevano anche senza spifferi e veline dei magistrati, e ci si perde nella retorica delle accuse a buon mercato. Perché il giornalista è potere terzo o quarto rispetto agli altri, anche rispetto a quello giudiziario che spesso tende a utilizzare le penne degli altri per fini non proprio trasparenti. Ma questo è un altro discorso.

Oggi non si può far finta che questo tempo sia passato invano e con esso una serie di fatti: il rating di legalità per le imprese, i protocolli con le forze dell'ordine per consentire loro verifiche sulle banche dati, l'obbligo di denuncia per le imprese ricattate dal racket mafioso pena l'esclusione dalle gare, una sintonia costante con parecchi magistrati importanti e attivi nella lotta alla mafia. Insomma una serie di atti, consequenziali rispetto a quella decisione presa a Caltanissetta, in cui Confindustria ha avuto un ruolo attivo come mai era avvenuto prima e ciò in Sicilia mentre altrove, nella parte ricca del paese, gli imprenditori hanno continuato ad avere altri atteggiamenti, con un mutismo che fa pensare alla Sicilia degli anni Settanta e sicuramente hanno dimostrato scarsa collaborazione con la magistratura. L'obiettivo di quella scelta era molto concreto: rendere vantaggiosa la denuncia, incentivare gli imprenditori a rompere i legami con Cosa nostra, espellere dall'associazione chi non era disposto a adeguarsi. Una lotta senza quartiere per rompere quelle che, con un azzeccatissimo titolo, sono state definite "Alleanze nell'ombra- mafie ed economie locali in Sicilia e nel Mezzogiorno" (il volume curato da Rocco Sciarrone, frutto della ricerca annuale per conto della Fondazione Res e pubblicato da Donzelli nel 2010), il cui paradigma è che la mafia è «parte integrante degli assetti istituzionali e regolativi delle economie locali in cui è radicata: uno degli attori rilevanti che, oltre a perseguire obiettivi specifici, contribuisce a configurare le modalità attraverso cui si strutturano gli interessi e i rapporti economici. In alcune aree del Mezzogiorno – quelle ad alta densità mafiosa – si sono così formate aspettative reciproche e convergenti, che hanno dato luogo a peculiari equilibri economici. Si tratta di modelli di relazioni e di affari che – pur essendo a geometria variabile, a seconda dei contesti e dei settori di attività, e quindi caratterizzati da un certo grado di instabilità e incertezza – si rivelano robusti e persistenti. Questi equilibri – per quanto producano effetti perversi a livello collettivo, soprattutto in termini di beni pubblici e di efficienza economica – sono in grado di modellare e perpetuare nel tempo specifiche costellazioni di desideri, credenze e opportunità che spingono gli attori ad agire in un modo piuttosto che in un altro».

Servirà ancora molto tempo per capire se realmente al di là del fatto simbolico, l'azione degli imprenditori ha avuto effetti veri e concreti sul tessuto imprenditoriale siciliano. Almeno da un punto di vista culturale. Dal canto loro gli imprenditori di Sicindustria non si stancano di mostrare gli esempi di imprenditori che hanno fatto la scelta precisa di rompere certi meccanismi: denunciando i mafiosi. Mentre altri, anche imprenditori come loro, seminano il dubbio e sottolineano il ruolo che nella gestione del potere gli uomini di Confindustria Sicilia avrebbero (o hanno) avuto negli ultimi anni. Ma non è questo il tema di cui oggi ci occupiamo: gli storici avranno di che scrivere in futuro su questi temi che restano complessi e contraddittori.

La definizione di Rocco Sciarrone delle "alleanze nell'ombra" rimane la più coerente e la più attuale. E su questo fronte negli ultimi anni hanno lavorato in tanti, soprattutto i magistrati delle sezioni misure di prevenzione dei Tribunali siciliani e gli investigatori. Il saggio di Sciarrone sintetizza così il sistema economico-criminale: «Pur essendo tradizionalmente uno dei campi privilegiati di affermazione degli interessi imprenditoriali mafiosi, l'edilizia non è certo l'unico canale di riciclaggio impiegato dalle cosche palermitane –

scrive Sciarrone -. Nell'ultimo decennio, gli investimenti delle organizzazioni criminali si sono anzi indirizzati in misura crescente verso altri settori, molto remunerativi, come la grande distribuzione, la sanità, il turismo, lo smaltimento dei rifiuti o la produzione di energia». L'edilizia, in particolare, è sempre stata un settore trainante per i mafiosi e le imprese loro collegate: «In questo settore – ha affermato il procuratore generale di Palermo Roberto Scarpinato – non esiste il libero mercato se non negli spazi residuali che non sono occupati dagli oligopoli mafiosi Perché dagli appalti pubblici, alle ristrutturazioni private, anche degli appartamenti di 300 metri quadrati, tutto il settore è monopolizzato da imprenditori mafiosi. E si tratta di un ciclo globale che va dal momento della vendita del terreno da edificare a quello della costruzione e poi a scendere ai vari rami merceologici collegati: la rubinetteria, gli infissi, la vetreria, la tinteggiatura, tutti vengono puntualmente imposti da imprenditori mafiosi. Ciò determina un conseguente aumento dei costi che nella sola Palermo si aggira, secondo le nostre stime, attorno a un 35-40% e che viene scaricato sul consumatore finale. Questo mercato drogato, nelle fette più cospicue e significative, è nelle mani dei mafiosi che utilizzano gli uomini della mafia militare solo quando è indispensabile per rimuovere qualche ostacolo. La cosa straordinaria è che tutto questo avviene alla luce del sole». Una filiera criminale con grandi e gravi conseguenze anche sulla nostra vita. Ma quello che interessa oggi è capire cosa è rimasto al termine di questi dieci anni che possiamo definire di guerra aperta alle organizzazioni criminali sia sul piano militare che su quello del contrasto patrimoniale: in che termini si può riproporre oggi il rapporto tra imprese e mafia, al di là e oltre ovviamente l'assoggettamento e l'omertà tipici degli imprenditori che cedono al ricatto del pizzo, che pagano senza fiatare e si rifiutano di ammettere di aver pagato.

Quello che può interessarci è l'area della contiguità, della complicità, dell'offrirsi alla mafia. E in questo caso, ovviamente, va fatta la distinzione tra imprese che operano in mercati connessi alla decisione dell'apparato pubblico (edilizia pubblica e privata, aree soggette ad autorizzazioni o concessioni) e aree che invece non lo sono. Nel primo caso è possibile rinvenire nuovi comportamenti che ancora forse è prematuro definire prassi o strategia ma che sicuramente ci dà l'idea di una mafia invisibile, così come invisibile è il suo vero o presunto capo latitante, Matteo Messina Denaro. Fin qui abbiamo spesso parole in libertà da parte di sindaci o esponenti politici che insinuano infiltrazioni in settori tradizionalmente controllati in passato dalle mafie come quello dei rifiuti rivendicando il diritto di esprimere opinioni senza prove alimentando un giudizio sommario dagli esiti incerti, forse persino per chi lo ha emesso. Le infiltrazioni arriverebbero dalle aziende private ma poi alla verifica dei fatti vediamo che spesso, in questi casi, sono coinvolti funzionari pubblici, aziende pubbliche, privati già noti o sospettati di avere collegamenti con esponenti mafiosi.

Si può prendere il 2015, segnandolo come fine di un decennio per comprendere cosa è accaduto e cercare di capire cosa sta accadendo e accadrà: anno che arriva al culmine di una profonda crisi economica che in Sicilia, e dunque per la mafia, si è concretizzata soprattutto con una crisi della finanza pubblica e dunque con un calo di commesse e lavori pubblici che ha sicuramente condizionato l'agire mafioso in un settore un tempo importante come quello dell'edilizia pubblica. L'azione dei magistrati e degli investigatori ha poi svelato gli infiniti interessi nel campo delle energie alternative (dall'eolico al fotovoltaico): campo in cui i mafiosi primeggiavano per l'accaparramento dei terreni, l'esecuzione dei lavori, l'industria della sicurezza degli impianti (la guardiania) e dei mezzi, l'acquisizione delle autorizzazioni e delle concessioni. All'azione dei magistrati si è aggiunto il blocco delle autorizzazioni o, meglio, l'incertezza sugli iter autorizzativi. Sono solo degli esempi ma non c'è dubbio che questi fatti abbiano potuto condizionare le strategie imprenditoriali criminali spingendo i soggetti mafiosi e gli imprenditori collusi a cercare nuove aree di business. Oppure a ripiegare e rafforzare business tradizionali come quello delle truffe ai danni dell'Unione europea in agricoltura o quello della logistica e del trasporto merci.

Nel caso dell'agricoltura l'allarme è ormai alto e secondo alcune stime il business delle agromafie nella sola Sicilia varrebbe almeno cinque miliardi di euro con attività che vanno dal furto di bestiame all'imposizione del pizzo e della manodopera, dal riciclaggio alla macellazione clandestina, fino alle frodi alimentari con arance e pomodori spacciati per siciliani e invece provenienti dall'Africa. Recentemente è emerso il fenomeno dell'accaparramento dei terreni in aree a tradizionale presenza della mafia rurale e dei pascoli come i Monti Nebrodi con famiglie mafiose che hanno ottenuto dagli enti pubblici proprietari in concessione migliaia di ettari di terreni con la scusa di doverli destinare al pascolo e invece utilizzati solo per grandi speculazioni. Qui la situazione è molto complicata e per anni le cosche locali hanno lavorato indisturbate spostando il business criminale dalle estorsioni alle truffe in agricoltura. In verità estorsioni e pizzo alle imprese continuano a esserci ma la grande attività può essere collocata in quella che ormai viene definita agromafia. L'attentato al presidente del Parco dei Nebrodi Giuseppe Antoci ha portato all'attenzione dell'opinione pubblica nazionale e internazionale un problema per la verità endemico da queste parti. C'è una intercettazione che rende perfettamente l'idea di cosa sta accadendo e di cosa è accaduto da quelle parti: «Compare non vale la pena ormai fare le estorsioni ai commercianti, con i contributi dell'Unione europea si campa alla grande senza rischi».

È un colloquio tra due esponenti della mafia dei Nebrodi ascoltato in una intercettazione telefonica in una delle tante inchieste avviate in quell'area. Si tratta di un'area attentamente monitorata da qualche tempo vista la pericolosità delle organizzazioni criminali che vi operano e considerato il grande business derivante dalle truffe all'Unione europea, dall'abigeato (furti di animali sono sempre più frequenti), dalla macellazione clandestina. I Nebrodi, si può dire con certezza anche in assenza di grandi operazioni giudiziarie, sono da sempre e negli ultimi anni ancora di più il regno delle agromafie che hanno agito indisturbate, hanno goduto e godono di complicità di vario genere: dalla politica ai professionisti. Una zona grigia che qui è rimasta tale perché, spesso, manca l'elemento associativo e dunque le inchieste restano limitate a truffe, false certificazioni, mancati controlli. Ma il fenomeno è ampio e la compiacenza, per esempio, di qualche veterinario ha consentito di macellare per buoni animali rubati e magari, a volte, anche malati. Oppure ha consentito in passato di far apparire malati animali sani con l'obiettivo di ottenere contributi per l'abbattimento. Ma la cosa più bella, racconta qualche allevatore che ovviamente non vuole essere citato, è quella che riguarda la certificazione di esistenza in vita di animali che invece esistono solo sulla carta: il veterinario scrive che quell'animale è vivo e invece non è mai esistito. Alla base di tutto, ovviamente, il controllo dei terreni: ci sono famiglie che hanno avuto in concessione fino a mille ettari il che si traduce in un "incasso" annuo di almeno 500mila euro quale contributo da parte dell'Agea (ed è solo una parte di un giro d'affari molto più ampio che riguarda altre indennità): guadagnano 500 euro netti l'anno per ettaro a fronte di un canone di 50 euro l'ettaro. I terreni possono essere concessi dal Parco, dall'Esa (l'Ente di sviluppo agricolo) oppure dai Comuni che spesso sono proprietari di migliaia di ettari non coltivati e adibiti al pascolo. E proprio i Comuni, per responsabilità dei sindaci, sembrano essere l'anello debole di questi controlli previsti dal protocollo firmato dal parco, dall'assessorato regionale all'Agricoltura e dalla prefettura di Messina.

In qualche caso, in un'area che va da Mistretta a Tortorici, per gli affidamenti dei terreni continuano a rimanere fermi i bandi, non vengono avviate procedure trasparenti e mentre i vecchi affidatari, che potrebbero anche non avere la fedina penale pulita o essere persino legati alla mafia che conta, restano insediati nelle terre in regime di proroga: l'inerzia dei sindaci espone a rischi quei funzionari che chiedono il rispetto delle regole e si oppongono a procedure non trasparenti. L'attenzione è alta ma nonostante questo c'è chi sembra non accorgersene o non vuole vedere. Altro fenomeno è quello dell'intestazione a più soggetti della stessa particella catastale il che significa che con un solo terreno prendono i soldi più persone. Accade e, dicono gli addetti ai lavori, nessuno controlla.

Quali e quanti possano essere gli affari delle famiglie mafiose dei Nebrodi e soprattutto quali cosche continuano a comandare da queste parti, è stato raccontato con dovizia di dettagli dal senatore Beppe Lumia, componente della commissione parlamentare Antimafia. Il materiale su cui fare una riflessione è ampio sia sul fronte di Tortorici e dunque in provincia di Messina, sia sul fronte di Enna e in particolare nell'area di Troina. Già un anno fa Lumia si è rivolto al ministro dell'Interno Angelino Alfano per chiedere quali iniziative intenda prendere per tutelare l'incolumità di Giuseppe Antoci, presidente del Parco dei Nebrodi e già bersaglio di intimidazioni insieme al presidente della Regione siciliana Rosario Crocetta; del commissario dell'Ente di sviluppo agricolo Francesco Calanna e del sindaco di Troina Fabio Venezia, anche lui finito nel mirino delle organizzazioni criminali. Secondo Lumia, gli interessi sui terreni da utilizzare per il pascolo e per la vasta area boschiva. Lumia spiega come il controllo mafioso nell'area dei Nebrodi sia capillare: «Le tecniche estorsive utilizzate dalle famiglie mafiose dei Nebrodi, la cui attività si spinge anche nella zona nord della provincia di Enna, sono rimaste quelle di un tempo – si legge nell'interrogazione -: la «messa a posto» perpetrata ai danni di imprenditori e commercianti tramite la corresponsione di ingenti somme di denaro; l'imposizione di forniture e di manodopera; la cosiddetta estorsione con il «cavallo di ritorno», realizzata attraverso il furto di automezzi, macchine agricole, mezzi di lavoro operanti in cantieri, seguito dalla richiesta di denaro per la successiva restituzione del maltolto». Secondo alcune stime al ribasso nella sola area dei Nebrodi il giro d'affari (che comprende oltre alle truffe sui pascoli anche il traffico di sostanze stupefacenti e il racket) si aggira sui 50 milioni l'anno e coinvolgerebbe almeno mille persone.

Possiamo rimanere nell'ambito dell'agricoltura, o meglio della filiera agricola, e spostarci di provincia per comprendere meglio l'importanza di questo settore per la mafia che ne ha sempre presidiato gli affari e negli ultimi anni si è semplicemente adeguata. Andiamo a Vittoria, in provincia di Ragusa, dove ha sede il più grande mercato ortofrutticolo all'ingrosso del Sud: da qui partono frutta e verdura che poi finiscono sulle tavole degli italiani. Anche in questo caso il senatore Lumia ha presentato una corposa interrogazione al ministro dell'Interno che riassume i vari interessi in gioco in un'area della Sicilia che definisce "isola nell'isola" e che negli anni ha attratto investimenti di imprenditori in odor di mafia: «È necessario prendere atto – sostiene Lumia – che la contaminazione mafiosa inizia alla base, sin da subito, a volte anche durante la raccolta, con il gravissimo fenomeno del caporalato. Poi la filiera del mercato di Vittoria, dal produttore ai padroncini, ai commissionari, ai famosi posteggiati, ai concessionari, sino a coloro che confezionano gli imballaggi, le cassette, gli angolari e i trasporti, gestiti dai casalesi» (XVII legislatura Atto ispettivo n. 4-054). E rimanendo sempre in questo settore vediamo, a Palermo, la presenza di soggetti considerati contigui al clan Galatolo cui nel 2014 la Dia ha sequestrato un patrimonio di 250 milioni. I destinatari del sequestro erano titolari di stand all'interno del mercato ortofrutticolo ma secondo l'accusa monopolizzavano tutta l'attività, indotto compreso, attraverso l'utilizzo dei servizi forniti dalla Cooperativa "Carovana Santa Rosalia": dalla compravendita di merce, al facchinaggio fino al trasporto e alla vendita di cassette di legno e materiale di imballaggio, tutto era controllato in modo da prestabilire i prezzi dei beni e dei prodotti in vendita, prezzi che gli operatori e gli esercenti del settore erano obbligati ad applicare. E si potrebbe continuare ancora in un ipotetico viaggio negli affari della mafia nella filiera agricola, del commercio e del trasporto dell'ortofrutta facendo tappa a Trapani e poi nell'agrigentino. La situazione tanto non cambia molto. Il punto vero della questione però oggi è comprendere cosa sta accadendo.

Oggi sappiamo della Sicilia molte cose che fino a qualche anno fa sconoscevamo: sono stati recuperati tanti altri patrimoni e sono state fatte inchieste che hanno confermato sospetti, e altre indagini hanno rivelato il ruolo della mafia negli affari. Ed è in questi ultimi atti che bisogna cercare per approfondire il rapporto tra imprese e mafia. Si tratta, spesso, di misure di prevenzione, perché è soprattutto grazie a queste che si può avere un quadro dello spaccato economico, della valenza degli affari di Cosa nostra. Di quella di oggi e di quella di ieri e soprattutto di come, in realtà, gli eredi di soggetti (vicini alla mafia o spesso condannati per fatti di mafia e poi defunti) abbiano avuto la capacità di diversificare, di trovare nuovi canali di investimento, di trasformare modernizzandolo quel patrimonio ereditato. Si vedrà, alla fine, cosa diranno i giudici ma per il momento queste misure, questi provvedimenti ci rivelano una presenza importante nella gestione di catene di negozi di alta moda, in settori come l'editoria, le forniture di gas e anche i lavori per la realizzazione delle reti del gas, e c'è la conferma che a Cosa nostra piace il turismo e parecchio.

Se vogliamo comprendere la voracità e la rapacità delle mafie possiamo prendere come metro di misura i dati della relazione al Parlamento (febbraio 2016) del ministro della Giustizia Andrea Orlando sui beni sequestrati o confiscati alla mafia. Sono aggiornati al 2013/2014 e dicono che «la Sicilia continua ad essere la regione dove in prevalenza sono presenti beni oggetto di indagine. Quasi un terzo del totale dei beni in Banca Dati, 10.228, pari al 29,5% dei 34.650 registrati in tutta Italia, sono stati interessati da un provvedimento di un ufficio giudiziario dell'isola. E tra questi ultimi Palermo, con 3.484 beni, è decisamente l'ufficio che prevale in Sicilia, ma non a livello nazionale, dove invece è superato, con oltre 4.500 beni, dalla imprevedibile Roma. Nell'isola invece troviamo seconda Trapani, con 2.653 beni (oltre seicento in più rispetto al biennio precedente, è l'ufficio che ha avuto l'incremento maggiore), seguita da Messina con 1.252 e Caltanissetta con 893».

Tutto ciò però non basta a comprendere le dinamiche e persino la cronaca giudiziaria non dice tutto. Almeno a sentire autorevoli magistrati. In riferimento alle nuove dinamiche della mafia (o delle mafie) Scarpinato, ancora lui, dice: «Anche nel mondo mafioso c'è stata una selezione della specie. Solo alcune élite criminali partecipano al gioco grande del potere, dove a livello apicale gestiscono le leve della residua spesa pubblica e dei business che richiedono competenze complesse multilivello: dal settore dell'energia a quello delle privatizzazioni. Da anni uso la denominazione di "sistemi criminali", network nei quali esponenti di mondi diversi mettono in comune risorse di potere politico ed economico – e se occorre anche militare – per colonizzare interi comparti economici o territoriali. Non si può capire che cosa è oggi la mafia se si continua a guardarla con gli occhi della Prima Repubblica e con un'ottica regionalistica. Tutti i paradigmi del passato stanno diventando obsoleti, perché è completamente mutato lo scenario socioeconomico nel quale le mafie operano e di cui sono una componente organica». In verità le occasioni per avere un elemento concreto su quanto spiegato dal procuratore generale di Palermo non sono state colte. Si prenda, per esempio, il grande affare dei termovalorizzatori in Sicilia, il piano varato dall'allora governatore siciliano Salvatore Cuffaro. Una vicenda singolare, su cui ancora oggi grava il sospetto di malaffare con il pagamento di tangenti ai politici, oltre all'ipotesi mai del tutto approfondita del condizionamento criminale dell'iter poi annullato dal presidente della Regione Raffaele Lombardo nel frattempo succeduto a Cuffaro. Era stato lo stesso Scarpinato, da procuratore aggiunto e coordinatore del dipartimento criminalità economica: «Scarpinato aveva intuito che il progetto dei maxi-inceneritori e l'interesse di Cosa nostra per il settore dei rifiuti in Sicilia erano in stretta correlazione tra loro – si legge nel rapporto Ecomafia 2014 edito da Legambiente -. Era il 12 ottobre 2007 quando il magistrato, in audizione dinanzi alla Commissione parlamentare di inchiesta sulle ecomafie, lanciò l'allarme sull'impianto che sarebbe sorto a Bellolampo. Scarpinato osservò «come l'organizzazione mafiosa fosse incisivamente intervenuta per acquisire il controllo economico dell'intero ciclo dello smaltimento dei rifiuti urbani in tutta la Sicilia» e denunciò, dice Legambiente, la «cooperazione dei mafiosi, politici, professionisti e imprenditori anche non siciliani, finalizzata ad aggiudicarsi il monopolio degli appalti della discarica di Bellolampo per la progettazione e la realizzazione di un inceneritore». Scarpinato continuò a indagare finché non lasciò Palermo per assumere l'incarico di procuratore generale a Caltanissetta. Da allora l'inchiesta non ha avuto alcuno sviluppo.

Sempre sulle vicende legate agli inceneritori in Sicilia la magistratura siciliana sta valutando profili di responsabilità riferibili all'eventuale violazione della normativa sugli appalti». Possiamo dunque solo immaginare, oggi, quali e quanti potessero essere gli interessi mafiosi in questa vicenda ma restano solo ipotesi e dichiarazioni, magari racconti alle varie commissioni parlamentari che si sono occupate del caso. Nulla più, vista la fine delle indagini. Quello degli appalti pubblici è un terreno da sempre ben coltivato dalle organizzazioni mafiose. Un fenomeno che si è fatto ormai macro, superando i confini regionali: «Sul piano della penetrazione negli apparati pubblici, un numero sempre crescente di amministratori (e fra queste quelli di città capoluogo di provincia e di grandi metropoli come Roma), magistrati, politici, non solo nel Mezzogiorno d'Italia, sono risultati collusi con esponenti di associazioni mafiose – ha scritto il procuratore nazionale Antimafia Franco Roberti -. la penetrazione all'interno di appalti e servizi pubblici, appare non solo aumentata quantitativamente, ma, anche modificata qualitativamente. E infatti, mentre sul piano della sua estensione, il fenomeno, nel corso del tempo, si sta allargando sempre di più. E riguarda non solo i tipici settori degli appalti legati alle attività edilizie, stradali, al ciclo dei rifiuti ma, anche, in quello della sanità e dell'assistenza pubblica dove, senza sparare un colpo di arma da fuoco, gli imprenditori delle mafie (in Sicilia, Calabria, Lazio e Campania ma anche altrove) sono entrati, ora in un modo ora in un altro, ora operando dall'esterno ora dall'interno, nelle Asl, nei Comuni e negli ospedali».

In Sicilia abbiamo visto quanto ciò possa essere vero con gli esiti del processo all'ingegnere Aiello, proprietario in nome e per conto di Bernardo Provenzano della Clinica Santa Teresa di Bagheria, e delle reti che l'ingegnere era riuscito a costruire, non ultimo il presidente della Regione siciliana Totò Cuffaro, poi condannato per favoreggiamento aggravato e che ha scontato la pena.

È interessante la tesi sviluppata da Roberti in una parte della relazione al Parlamento della direzione nazionale antimafia in cui si fa il bilancio dell'attività svolta nel 2015. E in quella relazione il procuratore nazionale antimafia affronta il tema del mutamento criminale. Il procuratore parte proprio dalle intuizioni di Giovanni Falcone: «Secondo Falcone – scrive Roberti - prima della sua (inevitabile fine), la mafia, di continuo e immancabilmente si evolve. Ed evolversi, nel caso della mafia e di qualsiasi altra struttura umana, non significa cambiare ciascuno i propri caratteri. Piuttosto l'evoluzione di qualsiasi struttura vitale è la sua capacità di adattamento ai mutamenti dell'ambiente circostante – scrive Roberti -. Evolversi, allora, vuol dire rimanere sé stessi, ma avendo la capacità di mutare abitudini, di sviluppare nuove sensibilità, nuove capacità e nuove caratteristiche in funzione della necessità di renderle funzionali ai nuovi tempi, alle nuove sfide, alle nuove necessità».

Lo scenario dagli anni Ottanta a oggi è radicalmente cambiato e il 416 bis così com'è appare praticamente inadeguato perché secondo i magistrati oggi è necessario trovare il modo di colpire i colletti bianchi, quella zona grigia che appare sempre più vasta. Le mafie hanno trovato e trovano, in questo processo di mutamento, soggetti disponibili, soggetti il cui scopo non è «come per i mafiosi, l'esercizio di un potere assoluto e illegale sulla società civile nei suoi diversi aspetti. Ma l'incontro con la mafia è una opportunità, meglio ancora un affare». Chi sono questi soggetti? Coloro che oggi classifichiamo nell'ambito dei concorrenti esterni, per i quali la mafia è un mezzo per raggiungere un'utilità. «Il commercialista, l'agente di borsa o l'intermediario finanziario – spiega Roberti – che riciclano i soldi dei mafiosi, pensano, soprattutto, che stare con la mafia sia un buon affare. Lo stesso pubblico ufficiale corrotto e colluso (ovviamente non il politico organico all'associazione che conquista e conserva il potere grazie alla mafia) non agevola la mafia per il potere, perché quello già lo esercita, ma perché anche lui pensa che la mafia è ricca; quindi, può pagarlo o comunque agevolarlo e che, perciò, sia un buon affare.

E lo stesso imprenditore socio dei mafiosi, che giovandosi del loro potere di comando, sbaraglia la concorrenza, o meglio, la blocca e diviene oligopolista, non lo fa per sete di potere, perché vuole dominare gli altri, ma ancora una volta perché in questo modo fa ottimi affari». Un ragionamento che fa il paio con un'altra considerazione: il tasso di violenza, di sangue versato, presente nelle attività criminali è fortemente diminuito negli ultimi anni. Un dato su tutti: gli omicidi dall'inizio degli anni Novanta a oggi sono diminuiti di quattro volte.

La violenza, dunque, sembra essere diventata residuale (a parte qualche eccezione) e la pax mafiosa duratura è figlia di un mutamento strutturale «conseguenza cioè che è in atto quella che, per l'appunto Giovanni Falcone definiva evoluzione delle mafie che stanno mutando pelle, stanno cambiando metodo e strategia sotto i nostri occhi, sicché sarebbe errore incalcolabile continuare a usare sempre i vecchi parametri per comprenderle e quindi contrastarle» dice il procuratore. Le mafie che, dice Roberti «sembrano essersi delocalizzate o proiettate o stabilite, lontane dalle zone di origine e dalla casa madre, per invadere le parti del Paese nelle quali si spara meno e si fanno più affari».

Altro fronte è quello degli appalti pubblici: in questo caso un numero sempre crescente di amministratori (e fra queste quelli di città capoluogo di provincia e di grandi metropoli come Roma) magistrati, politici, non solo nel Mezzogiorno d'Italia, sono risultati collusi con esponenti di associazioni mafiose. «Sul piano delle sue modalità operative la penetrazione delle imprese mafiose in tutti questi settori, più che svolgere un'azione diretta di interdizione sulla concorrenza – con sistemi intimidatori quanto violenti – punta alla collusione dell'imprenditore mafioso con coloro che gestiscono le gare. In altri termini appare sempre più esteso il fenomeno del funzionario o del politico a libro paga, che viene delegato dal sodalizio a ottenere il risultato di agevolare sistematicamente, sempre e comunque, le proprie imprese nella acquisizione di appalti e servizi pubblici in un dato settore».

Dice ancora Roberti: «Dobbiamo immaginare il sistema di potere mafioso evoluto come una struttura che mantiene le proprie basi nella forza di intimidazione derivante dal vincolo associativo, che è il pesante e solido cemento con cui ha realizzato le fondamenta della propria egemonia, ma che, sempre più, si sviluppa e si ramifica verso l'alto, mirando a gestire quote sempre più ampie ed elevate di potere economico e politico, utilizzando un materiale e uno strumento più duttile, leggero, invisibile, ma capace di infiltrarsi profondamente: quello della corruzione, che garantisce, silenziosamente, senza un colpo di fucile, ma in modo egualmente efficace, il raggiungimento delle descritte finalità delle mafie».

Dunque, il punto ora è quello di riuscire a colpire chi consente alla mafia di continuare a fare affari, quella che abbiamo definito la Zona grigia, che ha avuto un ruolo e continua ad averlo: dalle parole di Roberti, ma anche di altri magistrati e investigatori, emerge l'estensione di un'area che potremmo definire del consenso interessato: il supporto alle organizzazioni criminali è concreto, pratico, fattivo ma difficilmente inquadrabile con i tradizionali strumenti giudiziari. In qualche caso è stato possibile colpire quest'area grazie alle misure di prevenzione: si veda il procedimento nei confronti di Giuseppe Acanto, ragioniere commercialista di Villabate in provincia di Palermo, dagli investigatori che hanno raccolto i racconti di pentiti ritenuto a disposizione della cosca che fa capo alla famiglia Mandalà. Acanto (cui è stato sequestrato un patrimonio di 800 milioni), è stato candidato alle regionali e per un breve periodo è riuscito ad approdare anche al Parlamento regionale: dalle indagini condotte dalla Dia emerge una figura di collegamento e di rappresentanza di interessi che fanno riferimento alla famiglia mafiosa di Villabate. Non è ovviamente l'unico, né l'ultimo. Sempre per rimanere all'ambito dei professionisti, senza fare il lungo elenco che sarebbe necessario fare per raccontare le storie di tutte le figure coinvolte in questi anni, basta anche citare il caso dell'avvocato Marcello Marcatajo (di cui abbiamo già detto) che per anni avrebbe curato gli interessi della famiglia Galatolo di Palermo. Il tema della zona grigia ricorre spesso nelle analisi degli investigatori (e non solo) per quanto riguarda la provincia di Palermo. Interessante, per esempio, è il racconto che i magistrati fanno delle dinamiche mafiose a Messina e provincia: «Con specifico riferimento alla città di Messina – si legge – è emerso che gli interessi della locale criminalità organizzata, per anni incentrati esclusivamente sul traffico di stupefacenti e sul racket, si sono orientati, attraverso la fase ulteriore del riciclaggio dei proventi illeciti, verso la creazione di una vera e propria imprenditoria mafiosa, capace di realizzare con l'intimidazione forme di monopolio di importanti settori economici e di alterazione delle regole di mercato». I settori in cui opera la mafia messinese sono quelli degli appalti pubblici, dell'edilizia, dello smaltimento dei rifiuti e della gestione di attività commerciali. Il tutto reso possibile da una vasta area di contiguità e collusione (la zona grigia appunto) «costituita da elementi o gruppi che, pur non facendo parte integrante delle organizzazioni mafiose, hanno stabilito con esse contatti, collaborazioni, forme di contiguità più o meno strette.

L'esistenza di questa zona grigia non è la causa ma l'effetto di uno sviluppo economico inquinato e inquinante: inquinato dalla criminalità organizzata e a sua volta inquinante di componenti della società di per sé estranee alla criminalità organizzata. Anche in provincia di Messina l'illegalità mafiosa si combina quasi sistematicamente con almeno altre due forme di illegalità: lo scambio occulto, connesso a reati di concussione e corruzione, e la cosiddetta legalità debole, vale a dire la distorsione o l'inefficacia di norme rilevanti per l'attività economica, diverse da quelle di diritto penale (regole in materia ambientale, previdenziale, lavoristica, commerciale, fiscale, urbanistica e così via)». Alcune indagini hanno rivelato come in alcuni casi le organizzazioni mafiose abbiano potuto contare sull'appoggio concreto di soggetti al vertice di un'amministrazione comunale. E le indagini hanno anche confermato un dato ricorrente nell'esperienza giudiziaria: un settore particolarmente sensibile alle infiltrazioni della criminalità organizzata è quello degli Uffici tecnici dei Comuni.

Di certo, poi, è possibile cogliere le caratteristiche della fattispecie di cui parla il procuratore Roberti in quella che i magistrati della Direzione nazionale antimafia definiscono le linee di tendenza della mafia catanese: «Le indagini – si legge ancora nella relazione sull'attività svolta nel 2015 – dimostrano che le organizzazioni mafiose catanesi continuano più che mai a reinvestire i cospicui profitti derivanti dai traffici criminali e in particolare dal traffico di droga, in attività economiche apparentemente lecite ma esercitate con metodo mafioso, così realizzando un'infiltrazione nel settore economico che finisce per depotenziare ed escludere dal mercato l'iniziativa imprenditoriale sana. Tale infiltrazione avviene quasi sempre a mezzo di prestanome». I settori economici in cui maggiormente si realizza tale infiltrazione sono quelli caratterizzati da bassa tecnologia; ampio ricorso alla manodopera, spesso mal retribuita e non messa in regola sotto il profilo previdenziale e contributivo; disponibilità di ingente liquidità perché i pagamenti dell'utenza vengono effettuati in contanti; possibilità di concorrere negli appalti pubblici. «Tali profili – scrivono i magistrati – contraddistinguono in tutto o in parte le imprese operanti nei settori delle costruzioni, del commercio all'ingrosso e al dettaglio, dell'agroalimentare, del trasporto su gomma, della ristorazione, delle scommesse clandestine, del ciclo di trattamento dei rifiuti, dalla raccolta al trasporto e talvolta anche alla gestione delle discariche, settori che infatti anche nel distretto catanese sono quelli maggiormente interessati dall'infiltrazione mafiosa, unitamente a quello dello sfruttamento delle cave e delle miniere, del quale da maggior tempo la mafia ha assunto un pesante controllo».

Il tutto reso possibile grazie alla grande capacità delle cosche etnee di creare «perversi connubi con taluni politici e amministratori locali, anche mediante la stipula di patti di scambio in occasione di competizioni elettorali e comunque inducendo i predetti ad asservire agli interessi delle cosche l'esercizio dell'attività della Pubblica amministrazione, così intercettando le risorse pubbliche erogate». Ne è un esempio l'indagine Iblis, condotta dal Ros i cui esiti sono in via di definizione processuale: in questa inchiesta sono stati coinvolti politici come Fausto Fagone, l'ex presidente della regione Raffaele Lombardo e il fratello Angelo, mafiosi e imprenditori. Particolarmente lucroso, in provincia di Catania, è stato il settore della costruzione di centri commerciali: in questo caso, secondo il racconto del collaboratore di giustizia Francesco Campanella, si crea una vera e propria filiera criminale: «Nelle ipotesi in cui si intenda costruire un grosso centro commerciale - racconta il pentito - , i problemi che deve affrontare l'imprenditore e/o la società che assume una tale iniziativa, sono di triplice natura: un primo problema riguarda il reperimento e l'acquisto dei terreni che devono essere di natura non edificabile, allo scopo di acquisirli a un prezzo basso, e che poi – attraverso gli agganci politici locali – devono subire un cambio di destinazione a zona edificabile a fini commerciali; un secondo problema riguarda la "messa a posto" con la criminalità organizzata locale. La costruzione di un grosso centro commerciale movimenta grosse somme di denaro che vanno alla mediazione per l'acquisto dei terreni alle forniture e alla costruzione stessa; poi ancora alle assunzioni del personale, nonché il successivo insediamento di specifici esercizi commerciali da utilizzare nella logica del racket.

Il terzo ordine di problemi, trattandosi di iniziative di particolare rilevanza, riguarda anche l'ottenimento delle autorizzazioni amministrative del competente assessorato della regione siciliana: si tratta dell'autorizzazione alla grande distribuzione rilasciato dall'assessorato al Commercio». In altre aree della Sicilia, del resto, la situazione è alquanto simile. Si prenda la provincia di Trapani, in cui ancora oggi il dominus incontrastato sembra essere il latitante Matteo Messina Denaro, considerato guida di una Cosa nostra dalla spiccata propensione imprenditoriale: «Matteo – scrivono i magistrati – preferisce indirizzare i propri interessi verso forme di guadagno e di reinvestimento apparentemente lecite, manifestando grande capacità di diversificazione dei suoi interessi». Secondo i magistrati dell'antimafia, le famiglie trapanesi e i loro componenti scelgono di affidare i loro investimenti a imprenditori che, sotto forma di prestanome o in condizione di società di fatto con i mafiosi, operano nei più disparati campi del sistema economico: «È comprovata – si legge nella relazione della Dna – l'ingerenza di imprese riferibili a soggetti mafiosi nel sistema dei subappalti, delle forniture e della produzione e distribuzione degli inerti nel ramo dell'edilizia pubblica e privata. Particolare interesse è stato rivolto dalle organizzazioni criminali all'indotto derivante dagli impianti di produzione di energie alternative che hanno beneficiato di particolari forme di finanziamento pubblico agevolato. Da qui il tentativo da parte delle organizzazioni criminali di intessere rapporti d'affari con funzionari pubblici e soggetti attivi nella catena autorizzativa in tale lucroso campo di investimento». Ma nemmeno il traffico di rifiuti sfugge all'attenzione delle organizzazioni mafiose, come dimostrano alcuni procedimenti: «In questi e in altri settori imprenditoriali (agricoltura e i connessi mercati vinicoli e oleari, la grande distribuzione) la mafia investe i proventi dei traffici di stupefacenti e attività estorsive». Il quadro di insieme, quanto più possibile completo, potrebbe farci pensare che la strategia imprenditoriale mafiosa sia cambiata e non solo grazie al fenomeno dell'inabissamento fortemente voluto da Bernardo Provenzano ma anche per la comprensione, da parte di mafiosi e colletti bianchi, dei limiti di quella che comunque resta la migliore impalcatura normativa antimafia del mondo.

Indice